新版

仏教と事的世界観

廣松 渉　吉田宏哲

解説 塩野谷恭輔

作品社

［新版］はじめに　**仏教の幸福観**——復刊によせて——

『仏教と事的世界観』の復刊に当たって、仏教とは何かということが必ずしも述べられていなかったように思う。そこでここでは「仏教の幸福観」というテーマで論述し、廣松哲学とのつながりを付けておきたい。

これまで仏教の幸福ということについて、あまり取り上げられてこなかった。例えば日本仏教学会では一度も取り上げられていない。幸福とは何か。仏教はどのように考えているのだろうか。これらについて考えてみたいと思う。

まず古代ギリシャの哲学者たちは、幸福について語っているが、それによると幸福は最終目的だという。人間のなす営みは幸福のための手段であって、それ以外のものではない。いろいろな幸福論があるとは思うが、外面的にも内面的にも、全ての条件が満たされている場合が、幸福であると一応の規定ができるだろう。

ところが仏教の場合、世間的な幸福に対してはむしろ否定的であったと伝える。なぜなら仏教の開祖・釈迦は、釈迦国の王子として、世間的には全て幸福だったが、その幸福を捨ててしまった。これは四門出遊というエピソードで知られるように、老病死が避けられないことを知り、この問題を解決しようとして出城した。つまり一切の世間的な幸福を捨て、難行苦行の末、三十五歳で悟りを開いたのである。

それでは悟りを開くことによって、何が解決されたのだろうか。それは生老病死、つまり四苦八苦の問題（苦とは原語で思い通りにならないという意味）である。この現実を乗り越えようとして出家修行し、転迷開悟し、一切皆苦を乗り越えられた。であるから、釈尊が得たのは絶対的な安楽であり（大安楽）、一切の思い通りにならないことがなくなり、完全に自由自在である（大自在）。また無常性が乗り越えられたのだから永遠不滅であり、かつ一切の煩悩の汚れがなくなったから清浄無垢である、ということになる。これは後に涅槃の四徳（常楽我浄）と言われる。いずれにしても釈尊は、この生老病死の繰り返し（輪廻転生）から解放され（解脱）、絶対的な安楽（涅槃）を得られたというのである。しかも、ただ解脱涅槃の境地に至ったのみならず、解脱涅槃したということを知った（解脱知見）とされる。このことによって釈迦は、その解脱の方法を人々に説くことが可能になった。

後の唯識仏教では、この悟りを夢からの目覚めとして譬えている。それによれば、われわれが生老病死の輪廻を繰り返している時、それは夢を見ているのと同じである。われわれの生存は、その時々の条件によって幸せであったり不幸せだったりする。幸せの時は喜び、不幸せの時は悲しむ。そして、一生を終わった時にそれを振り返ると、まるで夢のようだったということになる。また、あまりにも幸せの時は「夢ではないか」と頬をつねってみたり、逆にあまりにも不幸せの時は「夢ならば覚めてほしい」と言う。唯識仏教では、われわれの迷いの一生は夢を見ているのと同じで、これに対して悟りは夢から覚めた状態にあるのだと教える。この思い通りにならないということが、まさに仏教の言う一切皆苦であって、仏教の悟りは、この夢から覚めたということに譬えられる。夢を見ている時、楽しい夢を見るか、怖い夢を見るかは自分では決められないし、夢を見ているのだと言うことにさえ気が付かない。

仏は生死の夢から覚めて、大安楽、大自在の境地にあるから、衆生の迷いの夢を覚ましてくれること（説法利生）ができる。それは仏が生死の夢から覚めて（解脱）、しかも夢から目覚めたということを自覚しているからである（解脱知見）。

唯識仏教の立場では、この夢からの目覚めということは、われわれの認識の根本問題に関わっていて、われわれは自己と自己の対象世界を実体視し、その実体視したものに執着している。そして、この執着に基づいて行為し、その結果、苦楽の果報を受けるのである。

従って、その苦楽の果報から解放されたいと願うなら、自己と自己の対象世界の実体視を離れることである。


これを幸福ということに当てはめて考えると、われわれが普通に生活している時、幸福であるか不幸であるかは思い通りにならない。生老病死の夢も目覚めない限り永遠に見続ける。つまり、生まれては死に、死んでは生まれるという繰り返しを永遠に続ける。釈尊はこの輪廻転生の苦（思い通りにならないこと）から解放され（解脱）、その結果、大安楽大自在の涅槃の境地を体現され、その涅槃に至る方法を人々に説法されたということになる（その最初の説法が四諦八正道である）。これは普通の意味の幸不幸を超越した大安楽大自在の境地であり、つまり、仏教の幸福観は、世間的な幸福観とは根本的に異なる。特に世間的な幸福観は、次の点などから真の幸福とは言えないだろう。
一、世間的な幸福は、条件付きであって、幸福である条件が満たされていないと幸福ではなくなってしまう。例えば家族が仲良く丈夫で暮らしていれば皆が幸福だが、家族の誰かが突然亡くなると、今までの幸せの百倍も千倍もの悲しみに襲われる。
二、世間的な幸せは、部分的であって、完全な幸せではない。財産があっても健康でない。逆に健康だが財産がないなど。
三、世間的な幸せは、無常性の影に常に脅かされている。幸福の絶頂にあると感じている時でも、いつかはそれが終わるという不安をなくすことはできない。
四、世間的な幸せは、自分の幸せが、他の不幸によって得られている場合が多い。好きな人と結婚して幸せの絶頂にあるとき、失恋して泣いている友人がいるかもしれない。
以上のように世間的な幸福は、条件性、部分性、無常性、罪責性という限界を免れることはできない。仏陀の悟りによる解脱涅槃の体験は、まさにこれら四つの幸福の限界を超越したものであって、ここに仏教の幸福観の次元を異にする完璧性を見ることができる。


このような幸福をわれわれ自身が体得するためにはどうすればよいのか。それは釈尊の説法に明らかにされている。最初の説法は、四諦八正道であり、その後、歴史的に展開した全ての仏教の教えは、この最初の説法の埒外のものではないと思う。

ただ大乗仏教は、それまでの仏教教団が釈尊の教えを実体化（法我執）し、人々の救済を忘れて自分だけの悟りと法の分析（アビダルマ）に終止していることを批判した。そして一切衆生の救済こそが無上正等正覚（阿耨多羅三藐三菩提）の条件であるとして（自未度先度他）、不住涅槃（涅槃に止まらずに永遠に衆生救済の菩薩行を続ける）という新しい仏教の立場を表明した。

この大乗仏教の幸福観については、唯識仏教の幸福観がそのまま対応できる。大乗仏教の菩薩は、釈尊が悟りを開いて後、人々の救済活動に専心されたのと同様に、自分たちもこの釈尊と同じ在り方をすると誓願を立て、それを一切衆生が救済されるまで継続するとした。

その場合、菩薩は釈尊の悟りと同じ悟りを開いて、涅槃の境地を体験していなければならない。涅槃を仏教における最良の安楽（幸福）であるとすると、それを体験する重要な段階を、大乗仏教では歓喜地と説く。これは菩薩としての目覚めを得る最初の段階で、この段階に到達した時には、名前の通り無上の喜びが身心に満ちあふれているといわれている。その境地に至る方法は、唯識の場合、入無相方便観という観法だが、ここでは詳しく述べない。

また、よく知られている般若心経の冒頭でも、照見五蘊皆空によって、度一切苦厄の境地に至ることを述べている。この般若思想を論理化したともいえる中観仏教では、幸不幸の対立を越えた境地に、身心の大安楽と大自在が実現しているといえるであろう。換言すれば、世間的な幸不幸の中にあっても、それを越えた境地の法悦が実現している（生死即涅槃）とでも言ったら良いだろうか。しかも、その法悦は一切衆生の救済という誓願の実践（菩薩行）の中でこそ顕現する（涅槃即生死）という。

真言密教の読誦経典である『般若理趣経』には「菩薩勝慧者　乃至盡生死　恆作衆生利　而不趣涅槃　般若及方便　智度悉加持　諸法及諸有　一切皆清淨　欲等調世間　令得清淨故　有頂及惡趣　調伏盡諸有　如蓮體本染　不爲垢所染　諸欲性亦然　不染利群生　大欲得清淨　大安樂富饒　三界得自在　能作堅固利」とあり、大安楽大自在の不住涅槃が説かれている。

廣松渉氏との対談『仏教と事的世界観』の復刊にあたってその辞を書くように言われたが、体調不良のため、廣松の『世界の共同主観的存在構造』なる論考の詳細に立ち入ることが出来ない。これは別の機会に譲るとして、彼が『廣松渉　マルクスと哲学を語る――単行本未収録講演集』（小林昌人編集、河合教育研究所、二〇一〇年）の中で述べているフランス革命の理念である「自由、平等、友愛」を世界の変革によって実現するという構想は仏教では自己自身の転換によって実現するという機軸と同一でありながら、根本的にも違うということを感ぜざるを得ない。

それがどう違ってどうすべきかはさらに後の課題としたいが、稀代のマルクス主義哲学者廣松渉は若干六十二才（数え年）でこの世を去り、今は西光山宥勝寺の奥津城にて永遠の眠りについている。戒名は「廣眼院渉空暁鐘居士」（廣眼王とは大日如来の別名、暁鐘は彼のペンネーム門松暁鐘）、また、紹介した文中の『理趣経』の百字の偈は、彼の葬式の時、弔辞の最後に上げた経文である。

嗚呼、彼の肉体は消滅し、我々は再びその姿を見、その声を聞くことは叶わぬが、それにも拘わらず、国家や人種・富・権力などの差別がある限り、彼の哲学は永遠にその覚醒を促す暁の鐘の音となって、世界に鳴り響き続けるであろう。

二〇二三年七月二〇日　　吉田宏晢

【凡例】

・本書は、『仏教と事的世界観』（一九七九年、朝日出版社）に、誤字脱字を訂正の上、新たな註と「新版　はじめに」「解説」を加えて新版とした。
・旧版の註は、★で記した。新版に加えた追加の註は、▼もしくは［　］で記した。
・旧版に収録された図版類は、割愛した。また図版に収録された短文は、各章の扉に移した。

第Ⅰ部　科学の危機と〈無〉の哲学

無我

縁起

唯識

〔旧版〕はしがき

この本は「数奇な星の下に生まれた」と申すより、下世話にいう「瓢箪から駒が出た」ものです。

去年の十二月でしたか、「朝日出版社」の創立二十周年記念行事の一環として、アメリカから有名な分子生物学者G・ステント氏を招いての講演会が開かれました。折悪しく、氏の謦咳に接することはできませんでしたが、『エピステーメー』の編集部から講演の要旨を手渡され、ステント氏の講演を中心にした特集に参画するよう慫慂を受けました。氏は、量子物理学のメッカ、コペンハーゲンに留学してN・ボーアに師事した経歴の持主で、ボーアの顰みに倣って東洋哲学に興味があるらしく、『理性のパラドクシカルな相面としての科学と道徳』と題する当の講演のなかでも、「極東の哲学、特に仏教・道教・儒教の三教」に言及しております。「理性のパラドックス」が東洋哲学で解消するとまでは言わないまでも、三教の〝根本義（?）〟たる「道《タオ》」への思い入れはなかなか相当なものです。一介の生物学者たる氏が、東京へ来て「道」を説くとは、いい度胸というより、リップ・サーヴィスなのかもしれません。外国人学者の来日講演は、エコノミック・モンキーの水準を慮ってのことか、往々にして幼稚園児相手といった風情です。その点、ステント氏の講演要旨はわれわれの眼からみても小学生相手くらいの水準にはなっており、高配を多とすべきものでした。東洋の三教の根本義に関する氏の深邃《すい》なる知識には驚嘆おくあたわざるものがあります。そこで編集部としては、一方で本格派の仏教哲学者吉田宏哲氏を三顧の礼を以って迎え、他方ではステント氏に負けず劣らずの強心臓で現代科学から東洋思想にまで容喙する不肖廣松を起用しつつ、ステント祭りの囃子方を務めさせようと計画したものの如くです。

今年の正月、松が取れるか取れないかのうちに、屠蘇気分で〝対談〟の運びとなりました。般若湯の霊験のままに、ロール・エクスペクテイションに応じて廣松がはしゃぎ、吉田大僧正に窘められた記録が『エピステーメー』四月号に――ステント・渡辺格・中村雄二郎氏の講演記録などと一緒に――掲載された「科学の危機と〈無〉の哲学」です。酔人と学僧とのこの異色〝対談〟は、迷える衆生と覚者との大真面目な対話であるだけに、第三者の眼にはさながら〝掛合い漫才〟のように見えるらしく、マンガ・ブームの昨今のこと、予想外の反響を呼んでしまいました。そうなるともう引込みがつきません。ステント氏のカッポレに合わせたお囃子がひとりあるきしはじめました。こうと知っていれば、いかに向こう見ずの廣松でも一知半解の御託をこれほどは並べなかったはずですし、吉田師は大喝一声に止どめられたはずです。しかるに、嗚呼、アンコールの声がやみません。両人とも逡巡しましたが、やがて廣松は諦念して「濡れぬうちこそ露をも厭え」の心境になり、吉田師も慈悲心を起こされました。そのかん、雑誌『エピステーメー』は廃刊になりましたので、単行書のかたちで、という話になり、第二回目の〝対談〟を追録することにしました。

本書の第一部は『エピステーメー』四月号に既掲載のものをほぼ原型のまま再録したものです。但し、ステント氏を意識して悪態をついていた若干の語句を削除しつつ、それを補綴するかぎりで、最初の数行に多少の手を加えました。第二部は新規に発表されるものです。——尚、「はしがき」を廣松、「あとがき」を吉田が分担執筆することにしました。

成立の事情からいえば、本書は「無の思想と事の哲学との會同」とか「東西両哲学徒の対話」といった大上段のものではなく——前記の通り、あくまでステント囃子という軽い気持から出たものであり——所詮は〝読み物〟にすぎません。しかし、読み直してみますと、このようなハプニングがなければ、両人がおそらく終生まずは絶対に吐露しなかったであろう発言が活字になっており、慚愧の念に堪えぬと同時に、一度はこのようなことがあっても却ってよかったかもしれないという気もいたします。世界史的現段階に鑑みるとき、新しい世界観的パラダイムの体系的確立が待望されており、この歴史的要請に応えていくうえでの媒介的一作業として東西両哲学の対質が課題となっていることは誰しも認めるところであろうかと思います。それにもかかわらず、この作業が一向に進捗しないのは、最初から肩肘張って構えようとする所為ではないでしょうか。もしそうだとすれば、しかるべき適任者のかたがたに当の作業を本格的に進めていただくための呼び水として、本書の如きもそれなりの存在理由をもつかもしれません。

省みるまでもなく、廣松は西洋哲学にも惘く、東洋哲学をも学ばざるの徒であって、このような対論の捨石を投ずるだに学殖を欠く身ですが、自分なりに抱懐する(識者からみればおそらく全く無理解な)仏教哲学像に対して現時点でどのような了解の姿勢で態度をとるかを表明する蛮勇だけは辛うじて持合わせており、このかぎりでは、且つ、このかぎりにおいてのみ、朝日出版社・編集部の諸氏が吉田師との対論者として廣松を起用された慧眼が讃えられねばなりますまい。本書が成るにあたり、終始犬馬の労をとって頂いた各位、特に、中野幹隆・清川桂美・吉永良正・白石幸紀の諸氏の御芳志に対して、末筆ながら篤く御礼申上げる次第です。

申し添えますと、「目次」にみられるごとき本文中の「小見出し」および図版頁に掲げられた短文(何冊かの拙著からの採録)〔本書新版では、各章扉に再録した〕は、吉永・白石両氏の創案と尽力によるものです。アド・リブの漫談を一本の形に整えて下さった両氏への感謝の念をあらたにしつつ。

廣松渉誌

一九七九年十一月吉日

第Ⅰ部　科学の危機と〈無〉の哲学

無我

物理的「場」は、重力場であれ電磁場であれ
そもそも「関係の第一次性」における存立態である。
現代の物理学そのものが開示したところによれば、
質量的物質や各種素粒子という物が先ず在って
万有引力や電磁気が在るのではなく
——仏教哲学に謂う「諸法無我」でこそなけれ——、
重力場や電磁場という機能的存立態の或る〝状態〟（関係規定）として
所謂「質量的物質」や「素粒子」が措定されるのである。

廣松●　ヨーロッパやアメリカでも東洋哲学への関心が高まっているそうですね。鈴木大拙▼による禅の紹介とか、創価学会の布教とか、ヨガの流行とか、ヒッピーのインド〝巡礼〟とか、いろいろな契機や形態があるわけでしょうが、これはひとまずおいて、もっと理論的なコンテクストで申しますと、哲学者たちはヘーゲルの頃からいちはやく、それなりの仕方で東洋思想に関心を示していた。ところが、最近では哲学者の一部だけでなく、欧米の自然科学者たちが、最先端のところで東洋思想への関心を示すようになりはじめているらしい。コペンハーゲン学派▼の量子力学の総帥であったニールス・ボーアとか、現役では、分子生物学者のステントとか、『物理学のタオ』を書いたフリジョフ・キャプラとか、数え挙げていくと案外裾《すそ》が広そうなんですね。この事実にわれわれのほうで逆に興味をそそられる。

ここで連想されるのが、湯川▼(秀樹)さんが若い物理学者たちをつかまえては漢籍を読むよう前々から推奨しておられるという話なんですね。湯川さんはご出身からいって漢籍を高く評価されるにしても、原子物理学の最先端の問題が東洋思想でストレートに解けるなどと考えておられるはずはない。おそらく、近代ヨーロッパ科学とは異質の発想法を学ぶことで、アポリアを打開するための新しい着眼が得られるということを、ご自分の体験か

▼鈴木大拙(一八七〇―一九六六)――本名:鈴木貞太郎。東京帝国大学哲学科に在籍中に円覚寺にて参禅し、「大拙」の道号を受ける。世界で最も知られた日本人仏教学者。思想家。禅についての著作を英語でしるし、戦後もアメリカ各地の大学で教鞭を執り、禅文化を海外に広く知らしめた。『大乗起信論』の英訳でも知られる。西田幾多郎とは同郷であり、終生、友人であり続けた。主な著作に『日本的霊性』など。

▼コペンハーゲン学派――ボーアの相補性概念を軸にして、ハイゼンベルクらが提唱した量子力学解釈の総称であり、統一見解が存在するわけではない。ボーアの相補性概念とは、相反する二つの性質が互いを補い合っているとするもの。量子論において物質や光が、ときに波として、ときに粒子として振る舞うあり方を説明するために練り上げられた。このような物質のあり方は、日常世界や古典力学における常識とは明らかに矛盾しているが、ボーアはこのことを現象そのものの矛盾として見るのではなく、古典力学において用いられる時空間的記述と因果的記述という二種類の背反する記述様式のもとで現れる側面として理解することで、解決しようとした。ボーアによれば、量子力学における電子は波と粒子という形態の両方が相補的に共存しているものとされる。

▼湯川秀樹(一九〇七―一九八一)――理論物理学者。中間子の存在を予想した功績により、一九四九年にノーベル物理学賞を受賞。幼い頃には、漢籍に造詣の深かった祖父小川駒橘より漢文の素読を学んでいたという。東洋思想にも関心をもち、西田幾多郎に学んだ。

らも割り出しておられるのだと思うんです。

それはともかくとして、吉田さんとは駒場時代から一緒にいろいろと善業を積み（笑）、一緒に哲学科へ進学した旧知の間柄ですけれど、吉田さんは大学院の途中から印度哲学科に進路を変えられまして学僧になってしまわれた。しまわれたと言っては叱られそうだけど、さりとて、真言宗マルクス派なんて言おうものなら眼をむいて引導渡されそうだし、困ったな（笑）

まあ、ともかく、吉田さんは哲学科での卒業論文がたしかヘーゲルですよね。それに去年までドイツに留学されて、向うでのインド哲学研究の水準を睥睨しながら、ヨーロッパ哲学を「おさらい」してこられた。そういう経歴から言っても、吉田さんはヨーロッパ哲学の必然的な行き詰りという事態を念頭において、東洋哲学を見直していくという作業での「はまり役」なんですね。

その点、私はと言えば、学生時代から野次馬根性で印哲の授業を覗きには行きましたけれど、平川(彰)先生の特殊講義は聴いても中村(元)先生の概論はサボリ通しといった始末で、その後も、印哲関係の書物は買っトク、積んドク、ホットクで、きょう承り役を務めるだけの素養すら無いていたらくなんですが、そこを何とか大慈悲で（笑）。

吉田◆　いやいや……私の方からも言わせていただくと、お慈悲が発現するのは迷える衆生がいるからで（笑）。その迷える衆生が本日の場合は実はくせ者でして。廣松哲学とか称する如意棒の伸縮自在なところを、とっくり拝見したいと思っています。というのも、私、廣松さんの『事的世界観への前哨』という本を読んだのですが、これが只の鼠ではない（笑）。

西洋哲学の根本問題のみならず、現代自然科学の最先端を行くプロブレマティークを睥睨して、現代哲学の新しい視座を打ち樹てようとしておられる。しかも私が興味を持ったのは、この新しい視座は従来の西洋の哲学や科学がまといつかれていた物象化的倒錯▼（廣松さんの用語でいえば）の批判から出てきているわけですが、それが妙に、私が勉強している仏教思想のいくつかの問題と類同している面がある。それがどんな面かということは後の方で話すとして、私としては廣松哲学の牙城に肉迫したい、とまあ、こんなふうに考えているわ

▼物象化的倒錯——物同士の関係によって成立している事象が個別の物に元々備わっているかのように意識され、あるいは関係として存在している事象が一つの物であるかのように意識されること。前者は関係の物性化、後者は関係の物化と呼ばれるが、この物性化と物化が相互に累進することで、現実が構成され再生産されることになる。物象化論はこうした意識形態や交通形態を批判する。近代では『資本論』におけるマルクスの分析などに見られるが、仏教において説かれた依他起性による「我」の実体批判なども、物象化批判の一種と言える。

けです。

いやはや龍▼樹と陳那▼とを一身に体現しておられるような（笑）……。ところでエールはこれくらいにして始めますか。

廣松● きょう特に話題にしていただきたいのは存在観についてです。自然科学のそれに限らず、近代ヨーロッパの存在観、さかのぼっていえば、ギリシア哲学このかたのヨーロッパの存在観が生き詰っている。それに対して、西が駄目なら東があるさという具合に簡単に行くとは思えませんけれど、こんにちにおける「科学の危機」、ひいては存在論の危機を打開するうえで、東洋の存在観を見直してみることが少なくとも有意義だと思うんです。この場合、東洋思想ということで一括してしまうのは実は問題なんで、西洋的な「有」の哲学に対する東洋の「無」の哲学と言うべきかもしれません。東洋でも、狭い意味での無の哲学といえるのは、仏教哲学に限られる。そこでまず、仏教的な存在観について伺うところから始めたいと思います。

仏教の存在観についてと申しても、仏教哲学概論みたいな形で承るのは芸のない話ですから、一工夫しましょう。有の哲学、わけてもヨーロッパ式の有の存在論の行き詰りが、哲学の場面だけでなく、自然科学の現場でさえ顕わになっているという現状を念頭におき、そういうアクチュアルな問題場面との接点をなるべく持たせながら話を進めることができれば幸です。

ところで、有の哲学と無の哲学ということを存在論的に問題にしていく場合、「実体主義」と「関係主義」ということが早速に議論の焦点になると思います。それから、第二に、「主観－客観」をめぐる問題。これも単なる認識論の場面というより、主客二元論、物心二元論というデュアリズムの行き詰りということに絡んでの話になるでしょう。第三には、「時間」や「存在様相」をも視野に入れるかたちで、言ってみれば「法則観」とでも呼べるような位相です。視角を変えて言い換えれば、第一の契機は、伝統的な有機体論・全体主義と

▼龍樹（一五〇頃－二五〇頃）――インドの僧ナーガールジュナの漢訳名。南インドに生まれ、バラモンの学問を習得したのち、仏教に転じる。主著である『中観』において、「空」の理論を展開し、大乗仏教を大成させた学僧である。インドでは龍樹の「空」思想は中観派によって展開され、日本や中国では三論宗によって研究された。「空」思想とは、すべては縁起しており、他に依存せず自在しているものはない「無自性」であるという考え方。龍樹は、「空」こそがブッダの悟りであったことを、二諦説や八不中道の縁起説との関係において明らかにしようとした。

▼陳那（四八〇頃－五四〇頃）――インドの僧ディグナーガの漢訳名。南インドのバラモン出身で、後に世親のもとで学んだと伝えられる。唯識思想に立脚した新因明学と呼ばれる新たな仏教論理学を確立したことで知られ、仏教独自の論理学と認識論の確立に多大な貢献を果たしたと評価される。主著は『プラマーナ・サムッチャヤ』（集量論）。

機械論・要素主義という両極的対立をもった実体主義に対するファンクショナリズム（機能主義・函数主義）、ストラクチュアリズム（構造主義）という問題に射影して考えることができると思いますし、第二、第三の契機は、ボーアの相補性とかコペンハーゲン学派の存在観とかを射程に入れて、相対性理論や量子力学が突き出している問題状況にどう答えていくかという課題とも相即すると思います。

私としては、こういう三つの位相に分けて議論できれば都合がいいと思うんですが、しかし、まずは総論風にといいますか、話のトバグチとして、有の哲学に対する無の哲学、仏教の無我説ということからお話しいただいてはどうでしょう。

吉田◆話の展開としては、今おっしゃったようなやり方でよいと思いますが、その前に、今の三つの問題提起に対する仏教思想の解答領域とでもいうものを項目だけでも俯瞰的に指摘しておきたい。

まず三つの問題に共通することとしての存在観ですが、仏教の場合、これに対応するのはおっしゃるように無我論でしょう。仏教でよく三法印とか四法印といわれる。印というのはハンコで、このハンコが押してあるとこれは仏教ですよというしるしです。だからこれが無いと仏教ではない。その三法印の一つが諸法無我ですね。[★1] この諸法無我というテーゼは、後の時代には人無我、法無我といった議論になりますが、これが仏教の存在観あるいはあなたのいわれる無の哲学の中枢だと思います。

次に、実体主義か関係主義か、ということ、これは明らかに関係主義といってよいでしょう。仏教で関係主義が登場する領域は、先の存在観との関係でいえば、諸法無我ということですが、この諸法無我ということのうちに、実体主義の否定と、関係主義の定立が二つながら含まれていると思います。そして関係主義というのは、結局、縁起論ということになります。[★2]第二の主観－客観、あるいは物心二元論に対して、仏教の場合、こういうデュアリズム（二元論）は最初から超えようとしている。というよりデュアリズムが迷いの根本なんですね。尤もここで誤解のないようにいっておかなければならないのですが、デュアリズムが迷いだから、それではモニズム（一元論）が悟りかというと、そうではないんで、デュ

★1――他の三つは一切皆苦、諸行無常、涅槃寂静。
★2――縁起論。業感縁起、阿頼耶識縁起、真如縁起、法界縁起、六大縁起。

アリズムに対立するモニズムを主張しても、これはやはり辺見だということになる。観念論と唯物論の対立の場合も同様です。

それでこの問題が説かれているのは、何といっても般若思想▼、空思想▼においてですし、またその淵源は釈尊の沈黙(カントのアンチノミーと類同の質問に対する)ということにまで遡れると思います。また、主観－客観というデュアリズムの認識論的行き詰りは、仏教の唯識思想で千四、五百年も前に解決されているわけで、西洋哲学はこの仏教思想の伝統を引き継ぐ廣松哲学の能知所知＝所知能知的構制によって、漸く覚醒せしめられんとしているというところでしょう。第三の、時間や存在様相の問題は、仏教ではアビダルマ仏教★3で煩瑣なくらい論じられていますが、実はこのアビダルマ仏教は法有(人無我だが法無我ではない)の立場であるというので批判されるのです。これを批判していくのが(大ざっぱな言い方ですが)大乗仏教で、これは人法二無我とか、空の哲学を打ち出します。いまいう法則観との関係でいえば、大乗仏教の中観派▼の方では、二諦(世俗諦と勝義諦)あるいは三諦(空、仮、中)の問題領域が対応すると思うし、唯識派▼の方では、八識、三性《しょう》説が問題になると思います。

ところで、いまお話を聞いて感じたんですが、東洋と西洋という問題で、これまでの日本の学界などのあり方を見ていると、西洋のほうが行き詰ったから東洋へ視点が向いてき

★3――アビダルマは対法、勝法などと訳す。法有の立場から一切の存在（法）のあり方を迷いと悟りの二方面から宇宙論的視野のもとに説く。小乗仏教の別名でもある。
▼般若思想――般若経と括られる一連の経典群（代表的なものに『般若心経』『金剛般若』など）において説かれる、悟りへと導く智慧の完成を目指す思想。「般若」とは、直観的・実証的な智慧の意。般若経は、大乗を初めて宣言した経典であり、大乗仏教の先駆をなすものとして尊重される。原型は紀元前後ごろに遡るが、その後六百年程に渡る編集過程がある。紀元前一世紀ごろの南インドにはじまり、その後北方に拡大、インドにおいては最終的に密教につながった。その思想の中心には空観があるとされ、経典で頻出する度重なる否定は、言葉の概念規定に対応するあらゆる実体的存在などないということを示している。「空」がより根源的なのであり、その智慧の完成はあらゆるものに対する無執着の姿勢をもたらすため、悟りや涅槃への重要な要素であるとされる。
▼空思想――空思想については、「龍樹」「般若思想」の項を見て頂くとよいが、空思想を大成したとされる龍樹の思想的背景には、宇宙の構成要素であるダルマに固定的な本質があると主張していた説一切有部に対する批判があった。ここで吉田が実体主義対関係主義という文脈で述べているのは、これをふまえてのことだと想定される。
▼中観派（二諦）――龍樹を祖師とする、般若経の空思想を重視する大乗仏教の学派の一つ。二諦とは勝義諦と世俗諦と大別される仏教の二種類の真理。世俗諦は世間的で日常的な真理のことをいい、主に言語によって表現できるものとされる。対して勝義諦は最高の真理であるとされる。経典や教えは多くの場合言葉で表されるかぎり世俗諦であるが、言葉をこえる勝義諦への足掛かりと出来るのかをめぐって、その論理的あるいは実践的関係が問われ続けた。本文五三頁にも記述あり。
▼唯識派（八識、三性）――中観派と並ぶ、大乗仏教の二大学派の一方を瑜伽行派と呼び、より実践的な思想で知られる。その思想内容は唯識思想であり、あらゆる事象は唯識が変化したものにすぎないという唯心論である。識には八識があり、眼・耳・鼻・舌・身識という感覚の五識と、五識に伴って働き判断・推理に関わる意識、五識から独立して働きさまざまな思考をめぐらすが我の執着の原因である末那識、万有を支えその発生もとととなる阿頼耶識の八つである。三性説とは、遍計所執性、依他起性、円成実性をさし、存在に通底する性質をとらえ直したもの。意識が言語を用いて感覚の流動性を止め、実体化しようとする、実際にはないにもかかわらず実体化された性質を遍計所執性という。ここから迷いが生じるとされる。対して縁起であるところの流動的な性質を依他起性という。最終的にすべての言葉による実体化、分別を退けた、世界の本性を円成実性と呼ぶ。ここでは主観―客観のデュアリズムへの仏教的解決の一例として挙げられている。

たということはあるんですけどね。一方、東洋のほうから西洋のそういう行き詰りに目を向けていくというのはかならずしもこれまで十分でなかったと思います。そこに廣松哲学が登場する根本理由があるんですが……。これは一体どうしてなんだろうと考えますと、いま有と無というふうな問題が出ましたけれども、東洋には有の哲学と無の哲学が両方あった。したがってそれのせめぎ合いというか、それが熾烈に行なわれていって、それに対して他方、西洋のほうでは無の哲学というのは定着してない。そういう意味で西洋のほうから東洋のほうに目が向ってきたが、東洋のほうから西洋のほうには目が向っていないんじゃないかという感じがする。

廣松●なるほど。東洋では、内部で有の哲学と無の哲学とが大昔からせめぎ合いをやってきた。特に仏教あたりに言わせれば有の哲学は所詮だめだということがわかっているから、いまさらヨーロッパの有の哲学と対質してみるまでもない、という感じでしょうね。

吉田◆そうですね。ただ、それじゃいつまで経っても、それこそ……。

廣松●ヨーロッパの衆生《しゅじょう》は救えない（笑）。

吉田◆そこまでは言いませんけどね（笑）。仏教哲学自身もインドの有の思想に対する無の思想の形成というところで終るんじゃあなくて、西洋の有の思想に対しては無の思想がどういうふうにそれを処理していくかということを考える必要がある。繰り返していうようですが、その意味でも、あなたの書かれた本は私には大変参考になっています。特に先程、提出された三つの問題は、廣松哲学自身のポイントでもあると思うんですが、私にいわせるともう一つあって、それはあなたのいわれる物象化的倒錯ということです。これは仏教では悟りということを言う立場上、最初から問題になっていると思いますが、これを非常にスマートな形で処理しているのが、唯識仏教の三性説ではないかと思います。いずれにしても、私としては、西洋哲学あるいは科学のデッド・ロックに対するあなたの救いの哲学（笑）についてもお訊きしたいと思ってるわけで……。

コギタチオの亡霊／常一主宰の否定

廣松● いや、そこは先手を打って質問役に廻らせてもらいますけどね。有の哲学と無の哲学という形で対比しましたけれども、もうちょっと規定しておく必要がある。素朴な次元で言えば、ヨーロッパにも「無」を云々する哲学が一応あるわけで、それをしも所詮は有の哲学だときめつけるのはどういう理由からなのか、また、東洋の内部で一応は無の哲学と言えるところの道家の荘子なんかも狭義のというか、真の意味での無の哲学とは認めない、と仏教哲学でいうのは何故なのか。この点を間接的になりとも明らかにしていただきたいのです。

吉田◆　西洋哲学を有の哲学だときめつける根本的な理由は、ヘーゲル哲学ぐらいまでは、デカルトのコギタチオの亡霊にとりつかれていると思うからだし、いわゆる実存主義の場合、無というのは不安や恐怖の源泉なんですね。つまり、キェルケゴールなどの場合は、主体的な自己すら否定していくようだけど、結局、神様という有の大もとみたいなところへいってしまう。あるいはハイデッガーにしても、無は深淵でありGeheimnisなわけでしょう。仏教の思想、先程の三法印でいうと、この二人は諸行無常（有限性とか死を問題にする点で）の世界で哲学しているけど、諸法無我とはいわない、それからヤスパースやサルトルは、どちらかというと諸法無我（これは包括者とか、連累の思想に関係して）みたいなことをいうけど、一方はやはり神を認めているわけだし、サルトルの方は自由と責任ということからその哲学は出ているわけで、人無我にも行ってないでしょう。道教の方は、無為自然といっても結局、不老長生でしょう。アン・ジッヒには無の哲学かも知れないが、道教のフュア・アンデレス▼は仏教ですから、これは相手になりません。つまり先程申しましたように、仏教が有の哲学と徹底的にせめぎあって出てきたようなところが、道教にはないんですね。

廣松● なるほどね。そこで伺いたいのですが、吉田さんは仏陀というか、釈尊というべきか、つまり、お釈迦さん以来、無我説だというお考えのようなんですけど、釈尊自身はまだアートマン哲学の枠組を崩してはおらず、非我説ではあっても、無我説ではなかったという説もあるでしょう。

吉田◆ ええありますね。でも、「アートマンではないものをアートマンとしている」という言表は、非我説であって無我説ではないというふうには言いきれないと思います。この言表からは、「本当のアートマンはこのようにあるのに」ということが言外に隠されているようにも読みとれますが、それでは有我説になってしまう。この本当のアートマンみたいなのを後の密教などは「大我」などといっていますが、この問題はさておいて、非我説にしても無我説にしても、これどこが違っているかといわれると一寸困るんですが、「デアル」存

▼アン・ジッヒとフュア・アンデレス——ヘーゲル論理学の「即自有 Ansichsein」「向他有 Sein-für-Anderes」を踏まえての発言。

在と「ガアル」存在の問題かな？……これは廣松さんに逆に聞きたいところですが……それより、仏教では我というのを「常一主宰」として規定していますね。そういう「常一主宰」としての「我」はない、とこういうふうに理解していったらよいと思うのですが……。

廣松● どうもしかし、無我説ではなくて非我説であるということによって、大我みたいなものを考えたり、あるいは存在、非存在の問題ではなくて、認識批判の問題だと考えている人もいますね。

吉田◆ 中村元先生や、視座はまた別だけれど紀野一義氏など、そういうお考えのようですよね。

廣松● ええ。でも私は認識批判の問題としてはともかく、真我とか大我とかまでは言ってないんだから、「我」に対する先程の規定からいえば、無我説でよいと思います。

吉田◆ ところで、いま常一主宰という概念が出てきましたけれど、これは常と一と主宰なのか、常一と主宰なのか。これまた考え方が岐れるようですね。しかし、いずれにせよ、常というのは常住不変というか、不易的な自己同一性を保っていること、一というのは個体的な自己同一性を保っていることで……。

吉田◆ そうですね。

廣松● 主宰というのは自分自身で存在していること、他によって存在するわけではないこと、まさに、エンス・ペル・スイなんですね。不変不易で自己同一的な自立的存在、これはまさしくヨーロッパでいう「実体」にあたる。アートマンを我《が》と訳すと、なんか主観＝主体の側というか精神的自我みたいに誤解されやすいけれども——そして、そこには語源的な因縁も絡むんだけれど、しかし——常一主宰という意味でのアートマン（我）という概念は実体の謂いであって、精神的であるか物質的であるかはこの際問題でない。

仏教哲学ではそういう「我」つまり「実体」を否定する。ただしこの点について、阿含経《あごんぎょう》▼というか原始仏教の場合と阿毘達摩《アビダルマ》の時代とについて、そこでは「人無我」は主張されたが、「法無我」までは説かれていないという言い方がよくされるでしょう。吉田さんは仏陀その人がすでにアートマンの哲学を初めから完全に否定していたという見方ですが、別の意見

▼常一主宰——常にあり、他からの影響を受けたりせず、自立しているような存在。古代インドにおいては「我アートマン」を意味した

▼阿含経——「伝承された教説、またはその集成聖典」を表わすサンスクリット語・パーリ語「アーガマ」の音写。仏陀の死後、その直説と見なされた経典を多く含みながらも、弟子たちによって内容を新たに加えながら口伝された原始仏教経典の総称。最古の経典群として信仰的立場から尊重されてきたが、日本や中国においては大乗の立場から軽視されてきた。しかし、近代になってその内容の明快さや合理性を再評価されるようになった。

では、阿毘達摩哲学の段階、つまり部派仏教▼の時代には、主体の側の実体性は否定したけれども、客体の側の実体性はまだ認めていた、説一切有部なんて有部と称されるものがあった所以でもあるわけで……。

吉田◆それ主体と客体という分け方じゃなくて、アートマンを構成している法ですね。それはある。たとえば五蘊★4とか、十二処十八界というような法はあると部派仏教は考えたわけです。仏陀の場合はアートマンと思っているのは五蘊《うん》の集まりに過ぎないではないか、色蘊、受蘊等のどこにアートマンがあるかというふうに弟子達に問いかけていった。そこではアートマンの実体化を否定しているが、そうかといって五蘊を実体化しているわけではない。部派仏教の場合は、五蘊等の法、これは七十五あるとされていますがその諸法が有る。しかしそれでは先程言った仏教の旗じるしである三法印と矛盾するではないか。つまり諸行無常、諸法無我にならないではないかという批判が当然出てくる。しかし、説一切有部の立場としては、諸法があるから三法印あるいは四法印が成り立つと考えるんですね。つまりその諸法のあり方が刹那滅としてある。刹那滅というのは、ここにあるコップでも、美しい女性を見て湧き起る妄念でもなんでもよいのですが、そういった諸法は生住異滅という四相において一瞬のうちにあり、次の瞬間には消滅して新たな法の四相が相続していくというのです。そこでコップが引き続いてある相続の仕方と、妄念が相続する仕方とは当然違いますから、その相続の違いを六因五果とか、四縁五果とかいう関係の仕方の違いで分けているんですね。が、いずれにしても諸法があるから刹那滅あるいは諸行無常が言えるので、諸行無常だから一切皆苦であり、一切皆苦だから諸法無我だということになっていくわけです。

廣松● 「人」と「法」とを主観的なものと客観的なものというふうに振り分けるわけにはいかない。その場合、しかし、五蘊無我ということを言うさい、さしあたっては「色《しき》」に限定してもいいんですが、極微《ごくみ》という考え方があるでしょう。微細粒子とでもいいますかね。パラマ・アヌ（極微）というのはまさにアトムでしょう。これも解釈が二つに岐れるようで、その一つによれば、極微とはギリシア哲学にもあったようなわりとありふれたアトミズムのアト

★4――五蘊は色受想行識という五つの構成要素。十二処は眼耳鼻舌身意という六根とその対象である色声香味触法の六境。十八界は十二処に更に眼識、耳識などの六識を加えたもの。
▼部派仏教――釈尊の入滅後百年ごろ、マウリヤ朝のアショーカ王時代に解釈や教義の違いから上座部と大衆部に分裂し、その後二十ほどの派閥に分裂した時代の仏教の総称。「部派仏教」とは明治以降の学界における呼称であり、古文献には見られない。それぞれが論書（アビダルマ）を残したことからアビダルマ仏教ともいわれる。代表的な部派には、大衆部、上座部、説一切有部など。

ム。もう一つの解釈によれば、極微というのは——ここでヨーロッパ哲学を引っ張り出す必要はないんだけれども——センス・データといいますか、あるいはマッハが言う意味での感覚（要素）といいますか。物質的な意味での原子でなくて、要素的な感覚ないしは要素的な表象だとされる。この両説のうち、後者でも「要素」が主宰すると言えますけれど、特に前者の場合には、色《もの》がアトム的な極微から成っていると主張する以上、客体に関する一種の実体主義になるのではないでしょうか。極微についての二様の解釈のうち、吉田さんとしてはどちらを採られるのか……。

吉田◆　関係主義の立場からいえば、センス・データだけでよろしいのですが、部派仏教の立場からいうと、関係主義と実体主義は全然矛盾していない。というのは法有であり、それが刹那滅だから諸行無常であるというふうになっていますから。そしてその法有のうちの色法に二系統の分類があると考えられる。つまり五根とその対象（五境）としての色（物質というより感性的なもの）というセンス・データ的な分類と、五根五境の実体的な分析結果としての極微説です。そこで極微というのは「分割できないもの」ということで、そうすると極微には面があるかとか、量的なものか質的なものかとかいろいろ議論があります。

廣松●　主観と客観の問題に拘わるようですが、色と心あるいは物と心はどうなっているんですか。

吉田◆　心というのは、心と意と識[★5]という三方面から考えられていますが、分類の仕方でこう分けられるので同義異語です。心は心自体と心の作用（心王、心所）で、この両者は常に一緒に生じかつ滅します（相応因、士《じ》用果、つまり心と心作用が相互に因となり果となるという関係）。ですからここでも、実体（あるいは自体）と作用とは同時に生滅しているわけで、その違いといえば、心は心相続（等無間縁―増上果という関係）という意識の流れを形成しているのに対し、心作用は、そのあるものは心と倶に起り、その他のものは起らない。ここで心相続といっても心

★5――五位の一としての心、十二入の一としての意、五蘊の一としての識。

▼エルンスト・マッハ（一八三八―一九一六）――オーストリア出身の物理学者、哲学者。マッハ数で有名だが、科学史、科学哲学、心理学など、多くの分野での業績を残している。哲学上の主著は『感覚の分析』（一八八六）および『認識と誤謬』（一九〇五）であり、要素一元論を提唱、物心二元論や主客二元論を批判し、世界を感性的諸要素（色、音、熱、等々）の関数的連関態として捉えようとした。このことは物体や自我や因果関係もまた、諸要素の関数として表記できることを示唆しており、マッハの「統一科学」構想の基盤であった。

王がその基体だから、人我ではないかというかも知れませんが、心王といっても心所と倶起することによって心王であり、その倶起も刹那滅だということによって、人無我説の立場に立つわけです。そこで物が把握されるのはこの心の作用ですが、たとえば眼識（耳識、鼻識、舌識、身識、意識という六識の一つ）でいうと、美人を見るということが起ると、そこには十の心作用が必ず付随して起っている。つまり、楽しいとか苦しいとか、苦しいということは起り得ないと思うかも知れませんが、それがフラレた女だったらわかりませんよ（笑）。表象作用（想）、意志の発動（思）、注意を向ける（触）、話しかけたいなどという欲求（作意）……といった心作用が付随するわけです。主観と客観というカテゴリーでいえば、六根が主観で六処が客観★6、六根と六処が相触れて六識が生ずるわけですから、六識というのは主観的客観＝客観的主観とでもいうことになるんでしょうか。それでこういうことになると、地水火風という四大も堅さとかしめり気とかいうふうに考えられていったのも肯づけると思います。

廣松● 吉田さんとしては「法」は「人」をも包摂するというところから、客体とは言えないということを指摘されるわけね。▼「法《ダルマ》」という概念は多義的だけれど、「人法二無我」という場合には、一応のところいわば両半球的に分けた形で議論しているのではないでしょうか。

図式的に割切った言い方をあえてすれば、原始仏教では「非我説」、部派仏教では大ざっぱに言って「人無我」（但し「法」については〝有〟我）、大乗仏教になって——『般若経』や龍樹の空観を介して——「人法二無我」の思想に徹するようになった。無の哲学の確立といいますか、実体主義的存在観の超克ということは、仏教哲学においても一朝一夕にできるものではなかった。外《げ》道との論争、それから内部での切磋啄磨を通じて、非常な知的苦労を払って次第に確立されたのではないか。大乗といっても、その後唯識哲学の展開があり、中国仏教の哲学面では特に華厳▼の教理、そしてインド仏教の掉尾をかざる真言密教▼といったものが、存

★6——六根は眼、耳、鼻、舌、身、意。六処は色、声、香、味、触、法。

▼「法」ダルマ——原義は「支えるもの」。仏教独自の用法として、ブッダの教法と事物とを指す。

▼華厳——四〇〇年頃成立した大乗を代表する経典の一つである『華厳経』を中心に、特に東アジアにおいて発展した仏教思想。華厳教学として組織だって形成されたのは、六世紀中ごろの初祖の杜順から九世紀初頭の第五祖の宗密までの一連の中国華厳宗の成立をもってとされる。教理としては第三祖の法蔵の「十玄門」、第四祖の澄観の「四法界」がもっともよく知られている。すべての事物が縁起的に関わり合い、相即相入に重なり合うという世界の在り方を高度に哲学的に思索した。

▼真言密教——インドにおいて、五、六世紀に現れはじめ、インド仏教滅亡の十三世紀まで存続した大乗仏教の一形態。密教とは秘密の教えの意味で、灌頂という入門儀礼を受けたものしか触れることが出来ず、一般の衆生には開かれていなかった。そのため内容も非常に高度であり、言語では表現できない真理を示すための象徴体系が発達した。印やマントラ、金剛杵や蓮華などの仏のシンボルもここから発している。

在論や認識論の場面では特に重要だと思うんですが、ものすごい知的努力だったんでしょう。別段、歴史的展開の順序を追って承ろうというわけでもないんですけれど、龍樹（ナーガールジュナ）の中論、この空観の哲学について説明していただくと無の哲学の存在観がわかりやすくなるかもしれません。彼は「無自性」つまり、普通に実体として考えられているところのものの空性を、単に否定的に説くのではなく、「縁起」という関係性に即して積極的に規定してみせた。釈尊以来の縁起説が、実体主義に対する関係主義の存在観として、ここでいよいよ哲学的に明確なかたちで体系化されたわけで、有の哲学と無の哲学との対比を見るうえで、空観に即すると特に便利だと思うんですが……。「有」に対して単に「無」を対置するといった同位的対立ではないということ、そこらあたりの事情から。

吉田◆そうですね。『般若経』あたりでは有と無の対立を離れたところに仏教のほんとの世界があるというような形で、そこのところを統一しようとしていると思います。また大乗仏教の唯識学派は唯識というものを中心にしながら、やはり『般若経』や中観学派の基本線に還ろうとしている。たとえば三性説などは、その典型だと思います。ですから『般若経』、中観、唯識という大乗仏教の中枢ともいえる思想において、有の哲学に対する無の哲学の対決というのは、有と無の対立において無が勝つというのではなくて、有と無の対立を離れる。そういう立場ですね。

立場というと何か他の立場に対してたとえば中観学派の立場があるように思えますが、実はこれがそうではない。よく無立場の立場などといわれている。しかしそれでは、『般若経』や中観学派の哲学では何が言いたいのか。これはどうしても釈迦牟尼仏陀《しゃかむにぶつだ》の悟りの問題に帰って考えなければならない。それから部派仏教などの法有の思想も問題になります。そこで極めて大ざっぱな言い方をすると、中観哲学などの大乗仏教が言いたいのは、仏の悟りの内容そのものだ。しかし内容そのものといったって、仏滅後に残されている資料は釈尊の言行を記したアーガマ聖典と、釈尊の教えを墨守してその教え(法)の分析再構成をしている出家教団(小乗仏教)の二つだけということになる。だから大乗仏教の初期の思想だけをまず問題にすると、これは『般若経』と龍樹の中観哲学になりますが、そのポイントは釈尊の悟りが小乗の法有の哲学では示し得ないということを説くことであったと要約できます。そこで法有の哲学のポイントは、前にも述べたように実体主義ですが、この実体主義は関係も実体と考えている。ここで実体といっているのはもとのことばは自性ですね。そこで龍樹の批判は有部やインドの他の哲学の自性とするものを因果であれ、運動と変化であれ、主体と客体であれ、ことばとその対象であれ、とにかく徹底的に論破してしまうわけです。その論破の仕方は基本的には帰謬論法だと思いますが、これを梶山雄一先生は、一と異のディレンマによる批判、時間・空間の分析による批判、ことばの分析による批判というふうにわけています。[★7] いずれにしてもそこで明らかにされることは、あなたがおっしゃった無自性ということ、これは法無我ということでもありますが、龍樹としては有部の法有の思想をその成立根拠にまで遡って批判してしまったのです。つまり、ことばや命題がそれに対応する実体をもつ、あるいは実体と同一であると思いこんでいるのが世間であり、迷いの根本だということです。ですから悟りの世界は無説、無戯論《むけろん》だということになります。そこで、関係主義の典型みたいに思われている縁起は空性であって、その空性は仮りの名づけであり、それは中道であるという有名な三諦偈で龍樹の立場を紹介したことにして……。[★8]

廣松●　えらく教条主義的な発言で（笑）。

吉田◆　いやいや、それは中村元先生にしてもそうですよ。それは結局、中村先生では教説の問題、つまり無戯論ということをあの先生は非常に重要視するんだと思うんですけど、いろんな学派があってその教説が、ドグマでもいいですけど、そういうものが、自分の教説こそは真理である、いやこちらこそ真理であるというふうに出てくる。そこでこっちが真理であっちは真理じゃないというふうになってくれば両者は対立して、真理というものが限界づけられてしまう。そういうのを離れるというのが無戯論だという考え方で、それは釈尊の最初の立場であるということをよく説かれていますよね。だからアートマンがアートマンでないものをアートマンとしてるという、そういうことばを捉え、だから大我、それはたしかに大我ということを密教でも言うわけね。で、宇宙生命体とかね。特に仏身の問題になってくると、そういう宇宙生命体が毘盧遮那如来《びるしゃなにょらい》であるというふうになるわけですけれども、しかしそれは仏教のいわば宗教的ななにかないとどうしても動いていかないという面があって出てきたんだと思うんですけどね。

★7――梶山雄一『仏教の思想』3　空の論理〈中観〉(角川書店)。
★8――末木剛博『東洋の合理思想』(講談社)。

縁起

それ自身としては何ら実体的な自同性を有せぬものであっても、
例えば、網の目のごときは、乃至はまた、走行中の自動車のタイヤと
地面との接点のごときは、一つ二つと数えることができ、
個体的に区別することができる。
実体的な自同者が存在せずとも、或る連関態（関係規定）の〝結節〟があれば、それを〝個体的に〟区別できるのである。
素粒子が自己同一性をもたぬにもかかわらず、個体的に区別でき、
類種的同一性を措定されうるのも、この論理構制に由る。
一般に〝実体的に自己同一的な個体〟〝自存的な実体〟として
思念されているところのもの、
すなわち、個体的区別や対象的変化の
基体と思念されているものは、実は「関係的規定の結節」にほかならない。
そして、その際、〝実体的個体〟の 内在的性質とみなされているものも、
実は「関係的規定」を〝内自化〟して 帰属せしめたものにほかならないのである。
事の真実態は関係態そのものである。

廣松● 龍樹（ナーガールジュナ）の空観あたりの大きな特徴は、自性空、つまり、実体性なんて無い、というかたちで単にネガティヴに言うのではなく、普通に実体として考えられているようなもの、自性と思われているものは実は縁起なんだということ、それは関係性なんだということをポジティヴに規定していく。単なる無い、無い、じゃなくてね。無い、無いのところまでは『般若経』でもそうだ。

吉田◆ 龍樹の場合には悟りの内容に関してはポジティヴなところもあるけど、むしろネガティヴなんですね。つまり縁起は空性であるという。

廣松● ポジティヴな措定をさらに超えるというんだろうけどね。

吉田◆ いや、ポジティヴな措定をさらに超えるというのはネガティヴによってなんです。つまり空性だから縁起が成り立つというんです。

色即是空空即是色といっただけじゃだめなんで、その先が大事なんだろうけど、話の順序としてひとまず俗人に譲っておいて下さい。

廣松●私としては、近代ヨーロッパにおける自然科学、とりわけ物理学における存在観の推転との並行現象に注目したいんです。エルンスト・カッシーラー▼なんか「実体概念から関数概念へ」というかたちで議論してるでしょう。量子力学や分子生物学を念頭に置く前提のつもりで言うんですけれど、カッシーラーは、ヨーロッパの学理上の概念が実体概念から関数概念へという方向に推転してきていることを科学史的に跡づけてみせている。彼の場合、必ずしも実体主義から関係主義へといった把え方ではありませんし、後期の著作においても残念ながら量子力学は事実上勘案されていないんですが……。しかし、ともあれ、近代科学が、実体概念から関数概念へという方向で概念構制を次第に変えてきたことは確かで

▼エルンスト・カッシーラー(一八七四―一九四五)――ユダヤ系のドイツの哲学者。初期は新カント派として出発し、その後『シンボル形式の哲学』(一九二九)で、シンボル、象徴形式を中心に独自の哲学を思考した。『実体概念と関数概念』(一九一〇)の内容については本文参照。

しょう。
「場」の理論はすっとばして、いきなり相対性理論のところから考えてみると、ここではニュートン的な古典物理学で実体主義的に常一主宰として考えられていたところの、絶対時間、絶対空間、それから質量的物質といったものが、関係主義的に把え返される。それから、量子力学になると、因果観とか法則観とか、あるいはまた「観測の理論」で問題になる「主観−客観」図式の止揚とか、こういう方面はしばらく棚上げにして言うとしても、ここではいよいよ常一主宰な物質観が斥けられるようになっている。これは素粒子論の問題でもあるわけですが、場の量子論ということになると、実体主義の拠点ともいうべきアトム、それも究極的なアトムと思われた素粒子が今や「場」の状態として、およそ非実体主義的に把え返されるようになっているんですね。

実体主義的な存在観から関係主義的な存在観への推転という事態が、物理学の最先端でどう生じており、そのことが哲学上の存在論や認識論にどういう課題をつきつけているのかということ、それに対してどのような方向で応えていくべきかということ、この主題については私なりに本の形で書いておきましたけど（『科学の危機と認識論』紀伊國屋書店、『事的世界観への前哨』勁草書房）、ここでは仏教哲学の存在観との絡みで話題にできるのではないかと思います。現代物理学は、関係主義的な存在観をとるといっても、勿論、その「関係性」ということはストレートに仏教的な「縁起」とつながるわけではない。しかし、パラダイムとしては一種の「無自性」「自性空」に通ずると思うし、その点では縁起観とも接点が出てくると思うんです。

吉田◆　しかし先程からも言っているように実体主義を関係主義で置き換えただけでは本当の解決にはならないのではないか……。

廣松●　まさにそうだと思います。「関係の第一次性」ということを実体主義に対置するのはネガティヴなアンチテーゼなのであって、私としては「事的世界観」というかたちでポジティヴに議論を立てたいと思っている次第なんです。「事」というのは仏教的な「事《じ》」ではなく、日本語式の「こと」といったほうがいいんですが、それでも華厳あたりの「事事無礙」には興味がありますので、あとで伺うことにします。また、場の量子論というときの場、つまり、素粒子を場の状態として把えるというさいの「場」なるものの存在性格も厄介でしてね。これとの関係で、あとで唯識仏教での阿頼耶識▼のパラダイムなどについても伺いたいと思っているんです。

当座の議論としては、しかし、ちょっと龍樹の空観にこだわりたいのですが、彼が存在を縁起という関係性において把え返したこと、この関係主義をそれ以前のアビダルマ教学の存在観との対比で考えるとき、現代物理学における存在観の転換と或る種の並行現象がみられるのではないか。さきほど、部派仏教のアビダルマにおける「極微」について二通りの考え方、ないし二通りの解釈があるのではないかと言いましたけど、五蘊や十二処、十八界などとの関連で考えると、極微というのはマッハのいう「要素」に近いような気がするんです。ところで、相対性理論のアインシュタインも、量子力学のハイゼンベルクもマッハ哲学の影響を強く受けているんですね。アインシュタインやハイゼンベルクがマッハの「要素」論を止揚しながら関係主義的な存在観を打固めたのと、部派仏教の「極微」論なんかを止揚しながら龍樹が関係主義的な存在観に定位して「無自性」の「空観」を打固めたのだとすれば、そこに並行性がみられると思うんです。勿論具体的な内容になれば、並行性を言うのは妄論になるけれども、存在観のパラダイムという次元でいえば決してそう無理な議論ではないと考えるわけです。

私としては何もパラレリズムそのことを言いたいわけではない。実体主義に対する関係主義の対置とか、自性空の指摘とか、そこでストップしても始まらない。現代物理学の場合、そこまではきているけど、その先を突破できずに「物理学の危機」に陥っているわけで、飛躍を求められている。その点、仏教哲学の場合は龍樹の中論から更なる飛躍的展開を遂げたわけでしょう。その故知が現代科学や現代哲学にとってどこまで参考になるかは未知数だけれど、ともかく参照には値する筈なんで、そういう含みで、さきほどから龍樹の空観に……。

吉田◆極微論の止揚によって、無自性の空観を打ち樹てたとおっしゃいましたが、文献学的にはちょっと問題が残るんです。龍樹の真作かどうか学界で疑問の出ている著作まで無条件に龍樹のものだとすれば、その場合にはあなたのような言い方ができるんですけどね。その点、龍樹の後継者といわれるアーリヤ・デーヴァには極微説批判がたしかにある。これは前述した龍樹の一異のディレンマによる批判や、空間時間の分析による批判、主体と作用の矛盾の指摘などの論法で否定されています。それから安慧▼という人は、極微に方分がなければ虚空と同じになるといっています。龍樹本人の思想形成の場面に即して考える場

▼阿頼耶識——八識のもっとも深層に位置する、すべての存在の発出もととなっている自覚しえない識。この識は、過去の経験の保持や身体の維持に関わり続けるが、同時に生じては滅することを繰り返すため、不変とされる「我」と混同してはならないとされる。

▼安慧（四七〇頃－五五〇頃）——瑜伽行派に属したインドの僧スティラマティの漢訳名。ここでは安慧の極微説批判について触れられている。有部では極微は部分を有しないとされていながら実在するとされている。対して安慧は、実在する以上それは物体的な延長（方分）をもっており、部分に分けられないというのは矛盾しているとして、極微の存在を退けている。

合、縁起＝無自性、空というのは、極微論の止揚→関係主義というのとパラレルになるかどうかは慎重に言う必要がある。がしかし、いわゆる龍樹哲学ということでならば、あなたのような見方もできるかもしれない。

そこで近代科学の行き詰りの問題に龍樹の哲学が参与できるか、あるいはもし参与できるとすればどの方面でかということですが、これはたやすく言えないけれど、三つくらいにわけて考えられる。一つは龍樹の否定の論法を近代化の行き詰りの原因に向けてみたらどうなるかということ。第二は、縁起＝無自性ということ、第三はことばの問題、こんなふうになるんじゃないかと思います。しかし第一の場合、今の私ではまだ無理ですし、第三の場合は維摩▼の一黙、それも雷の如くにあらざるものになってしまいそうですし（笑）。

廣松● 色即是空を指摘し、普通には自性をもっているように思われているものが、依他起性であり、実は関係的規定性なのだということを示してみせるステップ、そこでの関係性の構造というか、縁起ということの在り方をもう少し具体的に説明してもらえると、現代物理学の存在観の到らぬところを突き抜けるための参考になるのではないでしょうか。

話がちょっと厄介なんだけれど、縁起の具体的なあり方というだけなら、アビダルマにすでにあるというべきかもしれませんね。マッハが要素論を主張しながら、実質的には非常に関係主義的な発想をとっているということとの並行性というつもりはないんですが（笑）。話を進めるふくみで言いますと、縁起の構造ということはヴァスバンドゥ（世親）▼の『阿毘達磨倶舎論』あたりが詳しい。世親という人は少なくとも後期には唯識派の代表的な論客だけれど、『倶舎論』そのものはアビダルマの思想なんでしょう。これをさっき話に出た三性説あたりとつなげて説明していただけたらと思うんです。

吉田◆『倶舎論』に説く、六因・四縁・五果という因果論は、関係論の構造としては実にうまく出来ている。

しかし、事態は『倶舎論』の因果論では全然解決できない。つまり科学の危機というのは、アビダルマ的な実体主義――日常的には通用する主観－客観図式や、絶対時間や絶対空間、

▼維摩――ヴィマラキールティ。維摩経に出る釈迦の在家の弟子とされる人物であるが、実在の人物ではないとされる。維摩の一黙とは、菩薩たちが絶対の境地について語り合っていたとき、文殊は言語思慮では言い表わすことも、思い量ることもできないと主張し、維摩だけが黙ってそれを示したという故事。こうした姿は、中国の知識人に影響を与えたとされる。
▼ヴァスバンドゥ（世親）（四〇〇－四八〇年頃）――兄であるアサンガ（無着無著）とともに、唯識瑜伽行派の思想の大成者とされる。ここで挙げられている『阿毘達磨倶舎論』は、ヴァスバンドゥが大乗仏教に移行する前に書かれており、説一切有部の教理が、独自の視点から批判的に取り扱われ、仏教哲学の進展に寄与した重要な著作。

ことばと実在の対応——これはアビダルマの基本的な考え方ですが、この実体主義が危機に曝されているわけでしょう。そこでは道徳の主体的自律性も危なくなってきているということですから、主体的自律性などは無いといいきればこれは立派に人無我を説くアビダルマでして（笑）。いずれにしても科学の危機に対応するものは、このアビダルマの実体主義を批判して、縁起＝無自性、空の立場を打ち出した龍樹で十分だという感じがします。簡単にいえば、龍樹は実体主義的、主観－客観図式的意識構造が、そもそも迷いのもとだと言っているわけで、龍樹の哲学からすれば現代科学が危機だ危機だと騒いでいるのはちゃんちゃらおかしい、危機におちいるのは当然なんで、その意味で、現代科学は龍樹の説の正当性を科学的に証明している（笑）。そう簡単にはいかないでしょうが、現代科学者は漢籍もそうだけれど、龍樹の著作を読め、また同様に、仏教者は科学者の書いた本を読めということになる（笑）。

それから三性説の場合は、中観哲学に媒介された関係の哲学で、その前にサンヴリッジ・サティヤとパラマールタ・サティヤという中観哲学の問題があります。

廣松● 世俗諦と勝義諦ね。

吉田◆ ええ、でもこれは世俗と勝義とは違うんです。サティヤつまり真理、諦ということばがついている。普通は、日常的意識は世俗で、現代科学の投げかけている諸問題は世俗諦というふうに考える。世俗と世俗諦とを同じ次元で考え、両者が矛盾しているから科学の危機みたいに考えてしまう。しかし龍樹は世俗の迷妄を批判するのが世俗諦だと考えているわけです。だから物象化的倒錯の発生論的解明を志向する廣松哲学は、まさしく世俗諦ということになる（笑）。しかしこれは勝義諦ではない（笑）。勝義諦というのは沈黙の世界なんですね。それに対して世俗諦はことばの世界、勿論、世俗のことばの世界ではなくて、世俗がことばや命題の迷妄——実体化といってもよいと思いますが——に捉われているのをことばで批判していくのが世俗諦ということになる。そこでここには、たとえば相対性原理や、相補性原理、コペンハーゲン学派の思想などは、それが実体的に捉えられると世俗諦にもならなくなるのではないかという問題と、同じことですが、龍樹のいう世俗諦で用いられていることば自体は同じく仮説《けせつ》ではないのかという問題があります。龍樹はここのところを世俗諦と勝義諦という二諦、あるいは空仮中の三諦ということによって解決していると思います。そして唯識の三性説もこの龍樹の解決を別の形で示したといえる。しかしさしあたっては、世俗諦たる廣松哲学（笑）の立場から、現代科学の危機あるいはそれと仏教哲学との関係などについてお聞きしたい。

廣松● しばらく仮説の次元で話を進めていただかないとね。

そこで分子生物学の話ともいずれ絡めたいんだけど、先ほどの量子力学の場面から話の素材を取出してきますと、素粒子には自己同一性（セルフ・アイデンティティ）がない。それにもかかわらず、ある意味からいうと素粒子は時間的に持続して存在するし、一個二個と数えることもできる。

吉田◆ 主宰というのはどうなりますか。

廣松● 素粒子というのは言ってみれば場の状態だから主宰はしないんです。伝統的なヨーロッパの実体では「常・一・主宰」が三位一体になっていた。ところが、まずわかりやすいところからいえば「主宰」はなくなった。それから結節的な関係態ともいうべきものを、謂わば「地《グルント》」から浮立たせて「図《フイグール》」として対他的に区別することができ、それを数えることができるとはいえ、当の結節が実体的な自己同一性をもたず、状態相にすぎないということでは

「一」もなくなっている。ところで「常」ですがね。素粒子の寿命ということが言われるように、一定の時間は素粒子（場の規定された或る状態相）が持続するけれども、決して常住不変というわけではない。仏教お好みの灯火の比喩でいえば「焔」はあれとこれとを区別して一つ二つと数えることはできるし、それぞれが持続しはするけれども、焔は実体ではなく、実体的自己同一性、実体的な自存在をもつわけではない。素粒子の存在様態はそれと類比的なんですね。

場の量子論における素粒子の存在様態は、電光掲示板の光点の比喩のほうがいいかもしれませんけど……。光点が移動していくかぎりでは、持続しているといえますが、実体が移動しているのではなく、実際には、次々に光点が点滅していっているわけですよね。「同じ」対象の移動的持続であるように見えるのは主観の側の働きを俟ってのことであり、客体そのものが実体的に同一物のわけではない。それでは単なる幻影かといえば、そうではないんで、ここでは謂わば主観の側と客観の側との協働によって対象的現相が成立している。量子力学におけるあの有名な不確定性原理▼とか観測の問題とかを持ち出すとこの間の事情がはっきりしますし、ボーアの相補性の理論の誕生の場もそこにあるんですが……。

ここでは、しかし、とりあえず仏教流の灯火の比喩に即して分子生物学の話ともつなげましょう。生物の場合、親から子へと、同じ姿形をもったものが連続的に再生産されて、持続していく。一つの〝個体〟をとっても、新陳代謝を続けながら、その生物個体として持続していく。ヨーロッパの伝統的な発想では、「質料」(ヒュレー、マテリア)と「形相」(エイドス、フォルマ)の二元論を立てて、焔や生物の場合、質料は変わっても、形相は同一性を保つという具合に了解していた。しかし、ヨーロッパでも近代科学や近代哲学では、形相を実体として考えるというのはいくらなんでも斥けられる。近代科学では、物質(マテリー)にしか実体性を認めない。それでは、新陳代謝を続けて物質的(質料的)にはすっかり入れ替わってしまう生物の場合、個体的な実体性は認められなくなってしまう。この点は措くとしても〝形相的〟な自己同一性の保持と言いたくなるような場面、つまり新陳代謝のあり方、遺伝的な同型的再生産のあり方、この存在様態について生物学では遺伝情報がどうの情報コードがどうのという仕方で説明しようとするわけでしょう。しかし、情報のコードなるものを形相的な実体だというわけにはいかないんで、そこをどういうパラダイムで説くかが問題になっている。形相を実体化する形相主義はいかにも前近代的な形而上学だということ、それは確かですが、形而上学的というだけで排斥されるのではない。形相主義でつごうが悪いのは具体的な現場の事実に適用できないからなんですよね。生物は同型性を保つとか、同型的な再生産をおこなうとかいっても、厳密にみれば決して常一主宰な同型体ではない。だからこそ、成長とか進化とかがありうる。形相を実体視したのではこういう事実が説明できない。素粒子の〝同型的〟持続もやはりそうですよね。遺伝情報のコードなり、物理的法則性なりによって、〝同型的〟な連続的再生産が続けられながらも、決定論的に一義必然的でなく、そこに変異が生じうるのはどのようにしてなのか、そのことをどのような存在論的パラダイムで説明するのか。

吉田◆　実体的自己同一性を持たないことがわかれば涅槃寂静ですよ（笑）。輪廻はもう無いんです。実体的自己同一性を持たないにも拘わらず輪廻して行くのは何故か、などという質問を出すから輪廻が始まるので、まだ世俗諦にも行ってない。

▼不確定性原理——一九二七年にハイゼンベルクによって発見された、粒子を観察する際に、観測に必要な光が観察対象である粒子に影響を与えてしまい、その位置と運動量は同時に観測できないという観測の限界をあきらかにしたもの。この発見の後、位置と運動量は本来決まっていると考える実在論的な立場と、それらは本来的に決まっているものではないとする立場による、解釈上の論争が発生した。ハイゼンベルクの不確定性関係は、ボーアの相補性と並んで、コペンハーゲン解釈の主要素とされた。

吉田◆　しかし、しばらく仮説の次元で話をするわけですから、まず時間の問題からいくと、たとえば有部の思想というのは三世実有・法体恒有《ほったいごうう》という、これは過去と現在と未来という三世があるわけですね。その三世が横にあるわけで、法体恒有だから自己同一性を保った法（存在要素）がその三世にわたってつねにあるわけです。

廣松●　その場合順番は過去、現在、未来という順番でいいんですか。横に並べる時。

吉田◆　順番がないわけ。

廣松●　なるほど順番がないわけね。横に並んでるというのはそういう意味か。

吉田◆　縦の場合は過去から、現在が過去にいき、未来が現在にくる。その接点にわれわれがいるわけ。

廣松●　二つの時間の交点にわれわれがいる。

吉田◆　その交点にいるわれわれ自身というのは実体的自己同一性をもつのではなく（人無我）、

構成要素であるダルマ――これは三世実有・法体恒有――が刹那滅であって、ここにいまあるのは過去になっていき、未来から新しいダルマが現われてくる。

廣松● ちょっとコメントだけど、刹那滅というのは、ヨーロッパ哲学でいうとデカルトの連続創造説と似ているわけですよね。瞬間ごとに神様が世界を創ってはこわし、創ってはこわしやってる。だから、一見すると世界が持続しているように見えるけど、本当は刹那刹那に断滅しているという話。

いまの人間にとっては刹那滅というのはテレビを考えてごらんなさいと言えばわかる。テレビの画面というのは、電光掲示板とはまた違うけれど、点いたり消えたりしているわけで、実体的に持続してはいない。しかし、一見したところ、画面に登場する人物や事物はまるで実体的に持続しているように見え、しかも因果的な作用を及ぼし合っているように見える。だが、そう見えるだけで、実際には、刹那刹那に断滅しながら相続しているというのが刹那滅でしょうね。

吉田◆ そうですね。ただデカルトの場合は神様が創っているというふうに言うけれども、仏教はその神様は誰が創ったかと考えるから、そういう神様という原因でなしに、六因、四縁といった原因で、五果という五つの違った様態をもつ結果が生じまた滅していく。この相続論は後でも問題になると思うけど所依とか阿頼耶識とかいろいろ出てきますけれども、原因があって、必ず結果があるという形で刹那刹那に出てくるわけです。

そういう三世実有・法体恒有というのが否定される契機になるのは、一つは大衆部とか経量部というアビダルマの一派の思想があって、現在しかないんだ。過去、未来というのはないんだというふうにして、時間があるという一つのポイントが否定されたわけです。こうなると現在も無いんだということになるのは時間の問題で(笑)、一説部というのは三世はただ言説のみと考えたし、世間は皆仮であると考えた一派もあります。もう一つは龍樹ですね。

廣松●これも時間論の大きな問題だと思うけど、僕らは一方では永遠の時間的持続ということをまるで絶対時間の表象で考えておりながら、他方ではある意味で、日常的にも刹那滅を認めているわけですよね。未来はまだないし過去はもうない、あるのは現在だけだということを一方でははっきり言っている。ところが他方では、過去も未来もカッコつきで「ある」と認めている。刹那滅とか連続的創造とかいわれると常識はずれの非常にショッキングな議論のようにも感じるけれど、ある意味でいうとわれわれは一方では過未無体の経量部的な刹那滅を考えており、一方では有部的な図式で三世実有を考えている。これは、われわれの日常的な時間表象、ひいては世界の表象だけの話でなく、自然科学的な時間存在論の場合もつきつめて考えるとやはり同様ではないかしら。絶対的時間流といっても、過去や未来は現在と同じ資格であるわけではなく、いくら連続的な流れとはいっても、現在が刹那的に断滅する。この数年、時間論がはやっており、この問題が一番のポイントになると思うので、有部と経量部との論争、つまりアビダルマ内部での対立抗争を少し紹介しておいて下さい。

吉田◆内部的な対立抗争の話というのは部外者にはどうもわかりにくいんですね（笑）。それに龍樹と部派仏教の対立だったら実によくわかるけど、有部と経量部とは同じ穴のむじなですから。それで、同じ穴のむじなというのは、両派とも諸行無常という三法印の最初のテーゼに立脚しているということ。そしてこの両派が喧嘩しているのは、四相、三世実有か過未無体かということ、相続の解釈ということにあります。まず四相ですが、これは生住異滅という四つの（ダルマの）あり方です。時間そのものは法とは考えられていない。人間に時間を感じさせるのは生老死として現われてくる諸行の無常性であって、これを四相として実体化したわけです。この四相は物質的なもの（色法――自然科学的な物質ではなく、身体の諸器官とそれに対応する外界）と心（心心所法――心とそれに付随して生ずる心的なあり方）の両方に働く作用で、色法も心法も一刹那一刹那にこの四相において生じかつ滅していく。そこで三世というのは、諸法が未だないのが未来、今この刹那にあるのが現在、もう既になくなってしまったのが過去。ここまでは両派ともに共通していて、対立抗争が始まるのは、四相が一刹那にある（有部）か、多刹那にわたっている（経量部）か、四相を実体と考える（有部）か、考えない（経量部）か、諸法は三世に実有である（有部）か、現在にのみあり過未にはない（軽量部）かということ。論争の内容は省略させてもらうけど、この論争の結果としていくつかのことが対自化される。一つは諸法に本体と作用とをわけることは出来ないということ、それから認識を生ぜしめるものと認識の対象とは別だということ、ただ現在においてだけ諸行が生住滅していること、また過去の業が現在に続くことを解釈して、有部は得というダルマを立て、経部は種子の相続、所依（刹那滅の現在の自己存在）の転変などの説をたてる（詳細は平川彰――原始仏教・アビダルマにおける時間論――参照）。いずれにしても部派仏教では時間というものと存在というものとが切り離しては考えられていないので、これは部派仏教の法有の立場を批判した龍樹でもやはりそうです。日本では道元▼のあの有名な時間論なんかも同様でしょう。

廣松●有時の思想というわけだね。でも、道元の話はよしにしようよ。あんな判じものみたいのは。

吉田◆　いや、あれは勝義諦の次元での話だから、わからないのも無理ない（笑）。あそこまで到達するには、インド、中国、日本に到る仏教の時間論の歴史がある。それも道元の場合は単なる時間論ではなくて、修行とか悟りとかという体験とその表現として「有時」ということがいわれてくる。尤も存在と切り離された時間などは仏教にはもともとないんで、諸行無常だから。しかしその説き方には、先程の部派仏教の時間論、中観派、唯識派、華厳、道元の時間論というところかな。密教にも即身成仏というのがありますがね。

▼道元（一二〇〇－一二五三）――鎌倉時代の禅僧。日本曹洞宗の開祖としてしられる。ただひたすらに座禅を行うところに悟りが顕現していると考える「只管打坐」を主張した。主著『正法眼蔵』。

唯識

人々は、旧くから「物」を実体化して考えてきた。
色、形、音、香、等々とは別に物の「本体」があって、それがわれわれの感覚に対して
色、形、等々のかたちで映現するのである、云々。
これに対して、ヨーロッパ哲学においても、例えばマッハの場合、
ヒュームの先蹤をも踏みつつ、謂うところの〝本体〟は実在せず、実在するのはもっぱら、
色、形、音、香、味……の函数的・機能的な連関態だけであると主張する。
この現相世界の背後に「物自体」を想定する必要はないこと、「事物」自体と「自我」自体との
因果的な作用連関の結果として
現相が成立するわけではないこと、これはたしかである。
われわれとしては、しかし、
マッハに代表されるごときヨーロッパ哲学にみられるセンス・データ一元論にくみするわけにはいかない。
けだし、現相世界は単なるセンス・データの複合体「以上」のものであることを
——実体主義的な「物－心」二元論を斥けつつもなお、別の視角から——
認めざるをえないからである。

廣松●　存在と時間のどっちを基本に考えるかについては東西を通じて異説が岐れるようだけども、少なくとも存在と時間とをストレートに結びつけている。ヨーロッパでいうとハイデッガーがやっと辿りついたところまで、仏教では紀元後、二、三世紀の時点ですでに行ってるわけだよね。

その準位を超えてその後、仏教哲学の時間論がどういうふうに展開したのか、是非お訊きしたい。

吉田◆　そんなこと簡単にできるかといいたい（笑）。しかしアビダルマの時間論を前提にして話を進めると、有部にしても経部にしても、生住異滅という四相がダルマとして考えられている。そこで龍樹はこれを『中論』で、生という実体があるならその生自体に生住滅という三相がある筈であり、更にその生等にも三相があるというふうに無限遡及の誤りが生ずるといって批判する。それから過去・現在・未来に関しては、もし過去が現在・未来と関係して存在するなら、現在も未来も過去の中に入ってしまうだろうし、過去の中になくてしかも過去と関係して存在するということは出来ないといって批判する。また時が存在に依ってあるなら、存在を離れて時がどこにあるかといっている。論証をしないで結果だけをいってもよくわからないと思うので長々と話したけど、生滅とか時間の実体化に対する龍樹の批判は、大凡こんなものです。これに対して中観派でも龍樹の後継者といわれるアーリヤ・デーヴァ▼――この人はあまりはげしく外教を攻撃したのでそれこそやられてしまうのですが――彼は認識作用と認識対象は同時に生滅するから対象は二瞬間以上と持続せず、

▼ハイデッガー(一八八九－一九七六)――二十世紀ドイツの代表的な哲学者。主著『存在と時間』。フッサール現象学への関心から出発し、生・自我・主体性の問題を独自にそのものとして解明しようとした。
▼アーリヤ・デーヴァ――二－三世紀の僧。ナーガールジュナの弟子としてしられ、彼とともに中観派の祖とされる。本文でも触れられているように主著である『四百論』において、様々な論敵の論破を試みている。実際は苦行を否定し、教育のために方便としての教説を認めるなど、世俗に対して柔軟な姿勢を見せている。

従って固定的実体はあり得ないとか、回想の問題についても言及している。唯識仏教の場合の時間論は、先程申しあげた経量部の現在実有、過未無体説、種子《しゅうじ》と所依、転変の思想、それから中観哲学等を踏まえて、現在このようにしてある主体がどうして過去の業を相続していくのか、またこの主体の解脱とはどのようなものであり、また如何にして可能かといった問題と絡んで出てくる。しかも既に龍樹等によって時の実体化の批判は終っているわけですから、唯識仏教としてはむしろ何故そういう実体化、おなじみの物象化的倒錯が起るかということまで統一的に解釈してしまおうとする。ですからこの場合は時間論だけを取り出して説明することは出来ないわけで、少なくとも唯識仏教の認識論を話さなければならない。しかしこれは後で阿頼耶識《あらやしき》の問題のところで話すとして、今いえるとすれば、唯識仏教の時間論の問題構制は心相続ということ、つまり存在の、あるいは意識の連続と非連続ということになる。非連続というのは刹那滅だから。連続というのは過去から現在、未来へと心意識が流れていくから。これは、アビダルマでは未来から現在、過去へという流れでしたね。またこのような三世は原因と結果の関係が生じているか、まだ生じていないかということで説明しています。こんなところで現代物理学の問題とかみあうでしょうか。

廣松● 物理学はそこまで深刻には考えてこなかったし、そもそも時間なるものを質料的な世界の内実とは一応切り離して考えてきた。一般相対性理論になってようやく時間・空間・質量を相互浸透の相で統一態として把えるようになった。ところで、時間の話が出たついでに空間の問題についても絡めて訊いておきたいのだけれど……。

というのは、インドには五大説といって「空間」を第五元素として考える思想があるでしょう。四大説つまり地水火風の四元素説なら、インドにも勿論あり、古代中国やオリエントやギリシアにもある。しかし、四元素説の場合、各元素は一種の空間的質料＝質料的空間とでもいうべきものであって、それとは別に「空間」なるものを必要としない。それが必要になるのは真空とアトムとの二元を立てる原子論の場合なんですよね。ところが、六大説は措くとして、五大説では四元素のほかに空間という第五元素が立てられる。それはどういうわけでしょうか。

吉田◆ インドでは虚空の観念は梵我一如を説いたシャーンディルヤに既にあるが、これを根本原理として立てたのはジャイナ教▼なんです。ジャイナ教の教祖マハーヴィーラ、彼は仏陀と同時代の人ですが、運動の原理(ダンマ)、静止の原理(アダンマ)、虚空、命我、素材の五つの実体をたてた。それでこの五つの実体はすべて点の集まりで、虚空は世界と非世界を包摂すると考える。素材は原子で知覚し難く分割し難い永遠の存在だというからこれは原子論で、場所の許容としての虚空が説かれるのもジャイナ教がはじめてということになる。

廣松● そうすると仏教の虚空理論はジャイナ教の影響というわけ……。

吉田◆ 恐らくそうでしょう。仏教の場合、独立の原理としての虚空は三つの無為法のうちの一つです。つまり諸法無我といった場合の諸法は、有為（いろいろな原因がより合って生じたもの、変化するもの）と無為（原因によって生ぜず、変化しないもの）にわけられ、諸行無常というのはこの有為法が無常なんですね。そこで虚空は前に話した生住異滅という四相によって遷っていかない常住不変なものなんです。ジャイナ教では前の五根本原理に時間を加える場合があるけど、仏教では時間は実体化されません。それから四大というのはこれを根本原理として立てたのは、アジタとかパクダという思想家で、仏陀と同じ頃の人達です。仏陀自身はわれわれとわれわれをとりまく環境世界を、色受想行識という五つのあつまり（五蘊）と考え、それ以外に独立の我はないとしたのですが、四大が色法の構成要素と考えられるのはアビダルマ仏教でしょう。その場合、虚空は無為法の一つです。しかし龍樹になると虚空も仮説だといいます。

廣松● なるほどね。僕が仏教での空間論に興味をもつのは、第五元素ということのほかに「形」

という空間的規定性との関連でなんです。五蘊、つまり色受想行識という時の「色」というのは眼で見られるものという発想から出てきてる関係で――色という字だけしか書かないにしても――内容的にはあれは「色と形」でしょう。

吉田◆　五蘊の一つとしての色蘊は、形質があって変化し他を礙《さ》える物一般、そういうものの聚《あつ》まりで、眼根の対象としての色境とは違うんです。

廣松●　そうでしょうけれど、発生論的にさかのぼって普通にいうと眼根が突き当る色《いろ》と形との両方の筈で、そのうちの形というのは空間と結びつく。色と形を分離していくと形の原理というのは空間的規定性になる。ところが仏教のいくつかの派では、この形というか、空間的規定性を長・短・方・円・高・下・正・不正の八種に分けて、これをも極微論で説くでしょう。

吉田◆　形色《ぎょう》と顕色《けん》のうちの形色の方ですね。

▼ジャイナ教――紀元前六－五世紀ごろ、インドにおいてヴァルダマーナ（尊称マハーヴィーラ）によって開かれた宗教。厳格な苦行と禁欲主義、徹底した不殺生の教義で知られる。仏典では六師外道の一人に数えられる。

廣松●　顕色、つまり色《いろ》を青・黄・赤・白の極微とその混合で考え、形色、つまり形《かたち》を八種に分けて考える。この場合、質料的な存在と空間的な存在とが別の元《げん》として分離されるだけでなく、形(形色)というものをもアトム的な極微に分けて考えるというのが面白い。このことが刹那滅的な断滅と相続、灯火の比喩で説かれるような、分子生物学的なコード云々を連想させるような発想とも関係してくるのではないでしょうか。

吉田◆　分子生物学の理論はよく知らないのですが、人間の遺伝情報には三十億年の歴史が刻みこまれているというのは実に面白い。今あなたがいわれた問題はアビダルマ仏教でいろいろ論争があって、極微《ごくみ》は長さなどの性質を持っていると考えられた。部派仏教のある派では色法も心法も極微でできていてその聚りがわれわれ個体なわけですが、それが刹那滅的に存在している。それで色法は五根五境と無表色《むひようじき》★9ですが、これはわれわれと環境世界とわれわれの業ですね。これが極微の中に集っている(無表色は極微にはならないと『俱舎論』ではいいますが)。これは形の性質をもった極微というアナロギーでいったので、実際はそこまで言っていないと思います。しかし後の唯識仏教の阿頼耶識の相続はこういった部派仏教のプロブレマティークを引きついでいると思うし、これによって世界を統一的に把握しようとしている点では、分子生物学にも恰好の問題提起をしているんじゃあないか。

廣松● それではいよいよ仏教哲学の本命の登場ということで（笑）。遺伝情報の問題ともからめて、刹那刹那に断滅しつつ相続していく仕組みについて話して下さい。

吉田◆ 心相続というのは結局、阿頼耶識《あらやしき》の問題になるんですね。唯識思想全体としては、八識、三性、三無性などと続けていわれているくらいで、八識説、この第八番目が阿頼耶識です。それで前五識というのが……。

廣松● 眼識、耳識、鼻識、舌識、それに触覚というか身識、この五識のほかに意識が第六識としてあるわけね。それから末那識《まなしき》という第七識があって、第八番目に阿頼耶識がある。このうち意識までは顕在意識になり得るんだけど、末那識、阿頼耶識は顕在意識になり得ない。この議論とフロイドの無意識の議論をつなげて考えるヨーロッパ人が現われて、ユングみたいな珍奇な議論が出てきたりする。が、それはともかくとして、唯識哲学における第七・第八識は無意識の意識ということでも面白いんだけど、そもそも末那識、阿頼耶識

★9——外に表現されず、他人に示されない行為としての物質的存在。無表業のこと。身体的・言語的行為の余勢。

吉田◆ というのは意識を分化させることで考えられるようになったのかしら。
　それはこっちが質問したいくらい、高級な問題で（笑）。意識が分化して阿頼耶識が出来たというより、阿頼耶識が分化して意識が出来た（笑）。

廣松● でも歴史的には意識が先でしょ。

吉田◆ 歴史的にこそ阿頼耶識が先なのだが、憐れむべし、意識が先だと思いこんでいる。この思いこみが末那識で自我意識のこと。前にいったコギタチオの亡霊というのがこれ。これが出来るのに三十億年かかっている（笑）。

廣松● つまり遺伝コードに全て組みこまれているってわけね。でも、自我意識だけでは全てとはいえないでしょう。

吉田◆ 自我意識つまり末那識は、必ず前六識と一緒に生起している。だからこれはあなたが思いこんでいるように潜勢的ではないんですね。

廣松● なるほどね。そうすると意識と末那識との違いは……。

吉田◆ 第六識である意識と区別するために、自我意識は識をつけないでマナスと呼ぶ。このマナスは潜在意識である阿頼耶識の流れを自我とみなす識で、眼識や意識はこのマナスがあることによって、いつでも自己が何ものかを把捉するという性格を帯びるようになる。

廣松● トランツェンデンターレ・アペルツェプチオン（先験的＝超越論的な統覚）。

吉田◆ そうそう。ところが仏教ではそれが阿頼耶識の誤認に基づく汚れたマナスだという。つまりトランツェンデンターレ・アペルツェプチオンなどといって問題が解決したように思っているから染汚意《ぜんま》という（笑）。つまり自我に対する無知邪見、自我への慢心、愛着がマナス。それでカントが出たついでにいっておくと、カントの感性にあたるのは眼耳鼻舌身識、悟性にあたるのが意識。この意識は他の五識が働く場合、いつでもそれに伴って生ずる。

廣松● そうすると、六識と第七マナスが現勢的で、第八阿頼耶識が潜勢的、つまりヨーロッパ的なタームでいうと、現実態と可能態という道具立てが出てくるんでしたね。で、この可能態が現実態になっていくプロセスが、種子《しゅうじ》と現行《げんぎょう》。

吉田◆ まあそうですね。阿頼耶識は種子識ともいわれていますからね。

廣松● この阿頼耶識の問題というのが唯識哲学の議論のなかでもいちばんわかりにくい論点なんですよね。しかし、いずれにせよ、ここのところの議論がうまくいっているかどうかで、われわれが今日模索しているパラダイム・チェンジにとって仏教哲学がどこまでアクチュアリティをもって参考になりうるのか、評価のわかれるポイントになるように思うんです。

吉田◆　種子と現行というのは、阿頼耶識が種子で現行は六識と第七マナスといえますが、この関係は種子生現行、現行熏種子といわれている。で、この現行は現在の刹那滅的なわれわれの生存と環境世界ですが、種子としての阿頼耶識は、無始来の過去世からの業（過去世における現行）の異熟（原因とは種類の異なる結果）であり、また現行を引き起す異熟因、同類因（原因と同種類の結果を引きおこす因）ということになる。

廣松●　つまり現相世界の統一性や連続的な継承性というのが阿頼耶識によって支えられている。

吉田◆　ええ、業というのは身体的行為だけではなくて、言語的行為としての音声や意志の働きも全部で、これには価値的には善、悪、無記というわけ方がありますが、それこそ駒場で積んだ善業も本郷で積んだ悪業も（笑）、勿論生れる前からの業も皆含まれてしまう。で、この種子が現勢化するのが種子生現行で、今おこなっている行為は直ちに阿頼耶識の種子に熏習《くんじゅう》して蓄えられていく。熏習というのは線香を熏《た》いて、その線香がなくなっても香りが衣類などにしみこんで残っているのに譬えている。それで種子と現行との関係は、交互に因となり果となるわけで、よく灯火の芯と焔との関係に譬えられますね。つまり芯が焔となって燃し、焔は芯を燃え上る状態にするわけです。尤もこの譬えは先程の異熟因、異熟果という因果関係をうまく説明しているとはいえませんが、むしろ種子と現行という機構の方が……。

廣松● その機構がまさに、現行が相続していくけれども、変異が可能態的に蓄積されるということの説明方式になるんですね。善、悪、無記などの規定、阿頼耶識が蔵している種子の中には現実態に転化するものと、転化しないで可能態のままずっと繋がっていくものとがある。遺伝情報でいうと、いわゆる有意味のコードと無駄なコードなんですね。

吉田◆ そうですね。しかもそれが人間の一生という単位だけではなく、生れる前の世界、死後の世界という連鎖の中で考えられている。

廣松● 可能態の世界と現実態の世界というような具合に二重化してはズレるけれど、仮りにそういう言い方に託すると、われわれは現勢化した現行の世界現相しかみないので、その内部での因果連鎖しか普通は考えない。現行の世界だけで因果連鎖が完結しているかのように思いこんでいる。しかし、この現相世界での相続というのは可能態の世界とのあいだに種子の現実化および種子への熏習という仕方で交渉をもっている。たとえばカントの場合、現象界内部で因果連鎖が完結しているようにみえても、実は物自体の世界から超越的な原因というか作用が来て、それによって現象界での結果が生じている。それが「自由の原因性」になるわけですよね。カントの場合、物自体界への熏習がどうなるのかは微妙だけれど……。自由と必然の問題や遺伝コードの問題性はヨーロッパでなら、ベルグソンが参考になるとも考えられますが、しかし、いずれにせよ唯識派の発想をもってきたほうがピタリときまる（笑）。唯識仏教では阿頼耶識の中で時間が二重に流れるとはいわないと思うけれども、第三者的にみるとそういうパラダイムになっているともいえる。ともかく、可能態の相で相続するシリーズと現勢化した相で相続するシリーズとが両方あって、両者のあいだに交渉がある。

吉田◆ええ、それはあるんですね。一寸わかりにくいけど、同類因・等流果、異熟因・異熟果などというのもそれに関係してくるでしょう。ただカントの場合でいうと物自体が熏習されることはないから自由があるわけで、逆にいえば物自体と現象世界とをわけるから自由と必然性とが対立する。しかも物自体と現象世界とをわけるのは主観と客観とをわけるからで、阿頼耶識はこの主観と客観という分割を不可知的に含んでいるというんですね。で、現勢化というのはこの不可知的なものが可知的になる。その途端に世界は、自由と必然性の対立とか、そんな高級な対立だけではなしに、それこそ我と他とのせめぎあい、これが浮世というものさ（笑）、ということになる。尤もお釈迦様の場合、阿頼耶識ということは言っていないけれど、しかしその考えのもとになるものは、五取蘊《しゅうん》★10の説とか、十二因縁★11の説というのがあります。

廣松● その阿頼耶識のパラダイムが遺伝情報の機構を説明したり、因果連鎖の〝決定性〟と〝自由（非決定性）〟というアポリアを解くうえで大いに参考になる。場の理論にヒステレシスを持ちこめるかどうかは僕にはわからないけれども。

吉田◆ 不可知なものが可知的なものと一緒になるなどというのは参考になりませんか。尤もこ

★10——五つの構成要素（五蘊）が煩悩をおこすもとになっていること。

★11——人間の悩み苦しみがいかにして成立するかということを考察し、その原因を追求して十二の項目の系列をたてたもの。⑴無明（無知）⑵行（潜在的形成力）⑶識（識別作用）⑷名色（心身）⑸六処（眼耳鼻舌身意）⑹触（接触）⑺受（感受作用）⑻愛（盲目的衝動）⑼取（執着）⑽有（生存）⑾生⑿老死。

このところで唯識仏教は、世俗諦を捨てて真諦に入るわけで、もはや場の理論も見捨ててしまう（笑）。勿論、阿頼耶識もそこでは見捨てられるので、これが唯識観による転依《てんね》★12ということになる。

廣松● 唯識によってというよりも、修行を積んで真智をつかむことによってではないんですか。

吉田◆ 修行を積むというのはその唯識の理論を修行するわけで、どこか別の山の中で理論もなしに苦行してるというのとは違うんです。

そこで唯識観を説明すると、現行というのは主観と客観の分裂ですが、これを能取と所取という働きで考える。そこで前六識も第七識も能取所取の対立ですが、この対立はもとはといえば、阿頼耶識における不可知的な対立が顕在化したもので、その顕在化そのものが所取たる阿頼耶識を第七識が能取するという形になっている。ところが所取つまり阿頼耶識はないわけですね実は。不可知なんだから。

廣松● 阿頼耶識に限らず、広い意味での意識、つまり八識によって捉えられる所取は実はないんだ。可能態だ現実態だ、二様のシリーズだ、といっても空なんだということですかね。

吉田◆ 大分、混乱している（笑）。この場合は第八識たる阿頼耶識を所取、第七識たるマナスを能取と考えて下さい。そこで、所取はないっていうのはなぜないかといえば、阿頼耶識は不可知だからということになる。では不可知なものを何故立てるのかというと自我意識というのはもともとないものを有ると考えているわけですから。これを別の方面からいうと、識と境という対立において識は能取、境は所取ですね。ところで所取において能取は成立しているけど、その所取は外境ではなくて識だからそういう所取はない。つまり一切は識のみだと知ることによって外境の取得が否定される。そこで外境の取得としての所取がなければ、能取もないから唯識もないということになる。

廣松● それは文字通り空の空であり……(笑)。

吉田◆ そういうことなんだ。そしてそこで見道に入る。あるいは初地に入るという。

廣松● そうするとまだ分離があるわけだね。

吉田◆ 分離があると見る者もいるし、分離が無くなって、主客の対立のない智慧の世界に入ると考える者もいる。服部先生によるとこの問題は有形象唯識論と無形象唯識論の問題にな

★12――われわれの迷いの存在の根拠の転換。煩悩を転じてニルヴァーナ(涅槃)を得ること。所依であるアーラヤ識の転換。

るようですね。[★13] いずれにしても大乗仏教では初地に入るということになるわけです。その初地に入る入り方というのは無間に、つまり瞬間に入るというわけ。だから悟りは瞬間的なんですわ。

廣松● そりゃそうでしょう。

吉田◆ そうですか。

廣松● そりゃそうだよ。ジワッとくるんじゃ、保健薬みたいじゃないか（笑）。するとと阿頼耶識ってわけのわからんやつね——これほんとにわかったという人は悟りを開いてる人だろうから、訊いても無理かもしれないと思うけれど（笑）——これは個人的な意識なのか、それとも大我じゃないにしても超個人的な意識なのか。

吉田◆ そりゃあ、個人を超えていますよ。勿論。

廣松● そしてそれが世界全体をある意味からいうと支えている。

吉田◆ そうですね。だからそこで個人と個人が共通して持ってるというか、そこに普遍的なものがあると思います。

廣松● するとね、世界全体を支えているというか、現相世界の「場」とでもいうべき阿頼耶識の存在論上の身分はどうなるだろう。実体主義に対して関係一元論とでもいうべきものを対置する場合、関係なるものをいわば自存的なものとして実体化する所以になりかねないのと同様な問題が生じると思うんです。それは「場」の量子論の場合、つまり、素粒子というものを実体としてではなく場の状態相として規定するといっても、そこでは「場」というものが根源的な存在として一種の実体みたいになってしまうのとも通底する。コペンハーゲン学派のハイゼンベルクが「ウアマテリー（根源質料）」ということを言いだしていたのだけれど、普通にいう意味での有体・有形的なイメージでの実体を斥けても、何かしら別の実体を立てることになりやすい。つまり諸々のダーザイン（定在）をそれの一状態だとみなす所以の「或るもの」、根元的な或るものが表象されてしまう。その根元的なものというのは「無」だと言っても、そのときには、その「無」は一種の「有」になってしまう。それと区別するために「空の空」ということがいわれたり、あるいはまた「空即是色」という言い方がされたりするのだろうけれど……。われわれはともかく根元的な存在としてヒュレー（質料）的

★13――『講座仏教思想』第二巻（理想社）。

な原質を考えたがる。ギリシア思想は完全にそうですよね。その点、キリスト教では無からの創造ですから、「無」にはちがいないけれど、その代り、神という実有が立てられる。こういう有があるからこそ無からの創造なんて言っておられるわけで(笑)。根元的な存在を設定する場面は本当に厄介なんですよね。

このむずかしいところを仏教哲学がはたして本当にうまく処理しきれているのかどうか。阿頼耶識が超個人的な意識というよりも全世界を支える「場」みたいになっているというと、き、量子場を電光掲示板に喩えるのと類比的に考えて、場の量子論の存在論的パラダイムを唯識の存在論や認識論を参考にして定式化できるのではないかという期待もあっておたずねするんですけどね。

阿頼耶識の根元的存在性は、「場」との類比もさることながら、ヨーロッパでいうとシェリングの絶対者やヘーゲルの絶対者との対比を念頭において考えてみるのも一策かもしれない。シェリングの絶対者は、同一哲学の時期の話ですけれど、「無差別」であり、有とは言っても全くの無差別であるかぎり「無」と言っても異ならない。但し、ポテンツ、つまり潜勢の差があって、それが現行になって具体的世界を形成するわけですよね。ヘーゲルの絶対者も自己外化で以って自然界や有限精神の世界を現成するけれども、端初的には有即無、無即有でしょう。阿頼耶識というものも、それが蔵識、種子識というかたちで言われるかぎりでは、一般論として汎神論▼的なヌースのプロブレマティークとも通ずるところがあり、まだ有の哲学との違いが明確でない。その先がいよいよ問題の筈なんです。

個別と普遍／自相と共相

吉田◆　不可知的なものが可知的なものとして虚構される、その虚構の本源をみきわめることによって、迷いの世界から悟りの世界に到るというのが唯識観ですが、実はその悟りの世界は迷いの世界の外にあるわけではない。虚構が虚構とわかればそれは虚構ではないが、しかし虚構が無いわけではない。実体主義を否定して関係主義になっても、その関係主義自体

▼汎神論――万有神論ともよばれる、宇宙全体がそのまま神であるという思想的立場。汎神論という語の登場は近代以降だが、古代から存在する思想。ここでは、シェリングやヘーゲルが引きあいに出され、西欧の哲学が有の哲学であることを規定している根本的な発想法としてあげられている。

が実体化されればそれも同じく虚構の中で建っているわけで、現代科学の問題は主観―客観構制の虚構性をそのままにして、対象分析し、あるいは観測者と対象の両者を観測している。これではフィヒテの〝イッヒ〟ではないが無限遡及になりますよ。それで今度はシェリングとヘーゲルの場合ですが、シェリングに対しては「全ての牛が真黒な暗闇」というヘーゲルの批判でもいいし、これはヘーゲルに対してもあてはまるけど、絶対者が自己展開したからといって腹がふくれるわけではないし、憂いや悩みが消えるわけでもない。絶対者などというのも哲学的虚構で、それを超えてしまう。

廣松● そこを超えるという時、一瞬にしてそれこそ悟りで超えるんだろうけどね。さてそこの構造はどうなっているんだろう。阿頼耶識の存在論的身分および存在論的・認識論的な存立構造を明確にしたうえで、そこをはたしてうまく言えているかどうか。これが仏教的な無の哲学というものが完結するかどうかのポイントだと思うんだけど。

吉田◆ 結局それは三性説なんですね。つまり世界のあり方というのを三つに分けて、というか、考えるわけです。その三つというのは漢訳でいうと偏計所執性《へんげしょしゅうしょう》、依他起性、円成実性です。

偏計所執性というのは、ものを間違って解釈しているというか、ないものをあるとし、あるものをないとする、そういう見方です。つまり物象化的倒錯。いや非物象化倒錯も含む。

それから依他起性といってこれ、関係性の世界のことといってるんですね。そして円成実性というのがある。

その三者が関係世界を構成しているというか、その場合に譬喩で説明したほうがいいと思うんですけれども、たとえば幻、インドでは非常に幻術というかマジックがさかんだったようで、譬喩がマジックの譬喩で出てくる。たとえば幻術師はゾウを木だとか石やなんかでつくってそれをゾウとして見せるわけですよ。で、そのエレファントというの考えてみた時に、そのエレファントはマジシャンのつくった限りではゾウではなくて、木や石の組み合わせだけれども、しかし普通の見物人にはゾウとして見えるわけですね。

われわれの普通の認識というのはエレファントじゃないものをエレファントとして見ている。その見る見方が偏計所執性というわけね。実はそのエレファントというのは木や石でつくられている、関係の中で成立しているんだというのが依他起性、実はそういうエレファントと木や石の関係を認識して、ゾウはあるけれどもない、というか、ないけれどもある。そういう全体の世界で見たのが円成実性ということになる。ところで偏計所執性というのは意識が対象を、ないにもかかわらずあると見ているわけですから、それをまた別の譬えでいうと、たとえば絵師が自分で夜叉の絵を描いて、それを自分の部屋に置いといて、たまたまそこに入っていって……。

廣松●　ギャッと（笑）。

吉田◆　そういうのと同じだ。あるいはカイコが自分でマユを作り出して、結局、自分で作りだしたマユのために煮られちゃう。これは死ぬ程熱いですよ（笑）。
　そういう譬喩で、意識がないものがあるとか、あるものをないとかというふうに、対象化して、実体化して考え、それによってこの世の惑業苦というのが現出していることを譬えている。そこでこの苦の根本は偏計所執性でその構造は三性ですから、これを唯識観によって転換していくことによって意識の対象性というか、能取所取というものの無というか、そういう世界に入った時にそこに智慧の世界が現われてくるというわけですね。

廣松●　そこで話を二つの幹に分けたいんだけれども、一つは事事無礙の話。もう一つはそのための準備をもかねて認識論的な問題場面での話なんですが、いまの例で幻について、現量▼の場合と比量▼の場合とでは相違がある筈で……。

吉田◆　現量というのはまず前にも挙げた自相▼と共相▼の問題から考えてみましょう。たとえば形というのは、共相、自相といつも交換していくわけですから絶対的な共相や自相があるわけではない。譬えば形という一般者が共相だとすれば、コップだとか机だとかいうのは自相になる。しかしこんどはそういうコップという共相があるとすれば、またさらにそれがガラスのコップだとか、瀬戸物のコップだとかになってくると思います。それが自相というわけで……。

廣松●僕としては、仏教哲学での「共相」の考え方の内容がヘーゲルの対他的反照規定と同趣になっていることに格別な興味があるんだけれども、その前に、さしあたり「自相」と「共相」との関係についていえば、この両者そのものがレラティヴなところが面白い。五蘊なんていうのはある文脈では自相の側に分類されているけれど、別の文脈では共相の側に分類される。こういうところはほんとに関係主義で徹底している。一応の言い方では、自相というのは個体、個別性になるのかな。

▼現量　比量——現量は直接知覚することを意味し、感覚器官と外界の事物との接触により生じる知覚の過程や内容を指す。対して比量は、既知の事柄から未知の事柄を推理すること。現量と比量は、仏教論理学で認められる二種の正しい知識手段である。

▼自相　共相——自相は、ある事物それ自体の本性であり、その事物をその事物たらしめる本質である。対して共相は諸事物に共通する性質のことをいう。陳那の認識論では、自相が現量の対象となり、共相が比量の対象となる。

吉田◆　そうですね。

廣松●　共相というのが普遍性になる。ヨーロッパ的な発想では、普遍と個別とは峻別される。ところが、仏教哲学では普遍と個別とが相対化される。それというのも、結局は、個体的実体なるものが本当には存在しない。自性空だからなんですね。

吉田◆　そこで自相と共相とを現量の問題と絡めるとね。結局、最終的な自相は現量なんですね。それ以上はいかないです。だからこれを分析して、これがなにからできているんだというようなことはいわないんです。もうコップはコップ、それこそ法界悟りに至ったらば「花は紅、柳は緑」でね。そういう世界が現量の世界です。

廣松●　ウナギはうまいし……（笑）。

吉田◆　そうそう、そういうことになるわけ。ところが他方、共相というのは結局、最終の共相の形というのは法界▼なんですね。ところで悟った時には法界が現量たるに至る。そういうふうに言うわけだから、結局そこでまた一緒になってくるということになるんですよ。

廣松●　そうすると本質直観▼じゃないけれども、一種の知的直観でもって、実相というかほんとのあり方をボンッ、と……。

吉田◆　そうそう。

廣松● ただし、把むんじゃなくて、自分もそこに入っちゃって一体になる。

吉田◆ そう。そういうこと。これ（コップ）を向うに置いてたんじゃ絶対に一体になれないんでね。やはり水は飲むから。そういう現量の世界、法界が現量たるに至るんだから、単に限界づけられた現量状態じゃなくて、それこそ全体が現量になっちゃうというような……。

廣松● 認識論的な次元にちょっとこだわったのは、普通の言い方をすると、現量というのは感覚的知覚的な認識で、比量というのが判断というか推理というか、感性的認識に対して概念的知性的な認識のことだというように区別するでしょう。その場合、ヨーロッパ的な伝統では感覚そのものには真理も誤謬もあり得ないとされている。比量的認識、ディスカーシヴな認識にかぎって真理と誤謬との区別的対立が分かれうるということで、そこで主語述語構造だとかいうことを考えていく。その点、インドの論理学っていうのはあれだけ発達しており、あの自相共相ということも主語述語みたいなことと繋がってくると思うん

▼法界——全宇宙のありのままのすがた。秩序だった真理（法）のあらわれ。意識の対象や、存在するもの、さらに事物の根源をも指す。

▼本質直観——本質的なものを直観的に認識することを意味するフッサール現象学の方法概念。

だけれども、それでも僕ら素人がインドの論理っていうか、認識論みたいなものを生噛りした印象では、インドでは主語述語構造にあまりこだわらない。主語述語論理にこだわらないのは結構なんだけれども、あれだけ関係だ、構造だということをおっしゃる仏教哲学で判断の意味論的構造ということを余り問題にしないのはどうしてなのか、不思議な気がする。直観優位の哲学だから比量的認識の構造が軽くみられるのはやむを得ないのかもしれないんだけれども……。

吉田◆仏教論理学に関しては僕も素人でね（笑）。『倶舎論』などでは、名句文つまり名称と判断形式と推理というのかな、これを色法にも心法にも属さない心不相応行法に分類している。これは前に言った生住異滅の四相や衆同分《しゅどうぶん》★14――これは面白い概念なんだな――なども心不相応行法に属するという。ところで『倶舎論』では、名句文はダルマだから自性があると考えるが、唯識仏教になるとポイントはまず物象化的倒錯の構造的批判が先になる。つまり前に言った三性で、そのうちの偏計所執性として名句文が批判される。つまり現量によって把握されたコップや机という名称も、これはコップであるという判断も、あるいは推理も、それに実在が対応していると考えられている限り、これは偏計所執性で、仮構された存在形態に過ぎない。現量や比量という認識能力は世間人一般が日常生活を営み、理論活動をするに際して用いているが、その際、いつでも「名称のとおりに対象があるという執着」あるいは「対象のとおりに名称があるという執着」として認識活動をしている。これが偏計所執性だという。

廣松● 現量や比量の構造をどう捉えているんだろう。

吉田◆ ディッグナーガやダルマキールティ▼といった仏教論理学者は、現量と比量を正しい知識の源泉として認めている。

廣松● それでも基本的には現量のほうが正しい認識に通じるんで、比量については結局のところネガティヴな評価になるでしょう。

吉田◆ ダルマキールティの場合、現量は分別がないから正しい認識に通じるとし、比量は一般概念（共相）によって認識するから、本来一種の錯乱だという。しかし、比量は結果的には

★14――ヒトはヒト、魚は魚という類似の果を生ぜしめる因のこと。
▼ダルマキールティ――法称。七世紀の南インドの仏教哲学者。ディグナーガを引き継ぎその思想をより深化、体系化したことで知られる。ナーランダー僧院で活躍したものの、その著作の多くは漢訳されていない。

現量に還元できるから、正しい知識の源泉ではないということはできない。尤もそこまで言わなくても、名称や判断、推理が本来錯乱だからといって、その有効性までも否定しているわけではない。つまり認識の真実性と確実性、有効性とは違うんだな。実際の話、悟りにしても直観知的なものに至るといっても、倒錯である筈の分別知、概念知によって到るのだろうから。もっといえば、迷いと悟りといっても、悟りに迷うのが迷いなんで(笑)、三性は偏計所執性だけが実体的にあるんじゃあないんですね。

廣松● でも、因明(仏教的論理学)の場合でもね、「因」や「喩」のみたすべき条件をヨーロッパの伝統論理学でいえば「周延」論にあたるようなことを非常に細かく規定するような仕事はたしかにやっているんだけど、しかし、あれは推論がみたさなければならない条件であって、主語と述語との間の構造というか、認識の意味論的な構造というか、そういう方向はあまり議論されていない。それが暗黙の前提になっているからこそ、こういう条件がいるという話が出てくるにはちがいないんだけれども……。はたして意味論的な構造分析になんか一定のパターンがあるのかしら。

吉田◆ それはありますよね。

廣松● それはどういう構造になっていますか。

吉田◆　たとえば宗因喩といった……。

廣松●　それは推論連鎖というより論証の論理構造でしょ。

吉田◆　ええ。比量そのものの構造ね……。

廣松●　ヨーロッパの論理はどっちなのかわからないところもあるけれども、仏教の論理学の場合には自比量と他比量とを区別するでしょう。為自比量、つまり自分自身が納得していくためというか、自分でものを考えていく時の論理と、為他比量、つまり他人を説得するための論理というのを一応分けて考える。特に問題にしたいのは他比量なんですけどね。自分と他人との間のコミュニケーションの関係というか、インターズブイエクティヴィテート（相互主観性・間主観性・共同主観性）の構造なんだけど……。自分と他人とは阿頼耶識といったものによって存在論的に繋っている。それはわかるんだけれども、認識の場面で自分と他人との相互主観的なコミュニケーションの構造はどうなっているのか。

吉田◆　為自比量と為他比量というのは、推論式が陳述されるか否かという区別できまると思うけど、仏教知識論書の形式としては、前者の領域で能証（因）の三条件、種類などが論じられ、後者の領域では推論式の諸形式などが論じられている。で、そこにはいろいろな問題、遍充論[15]、アポーハの理論[16]と西欧論理でも問題になる概念、命題といったことがあるけど、僕には西洋論理学との関係でこれを話すことはできない。

廣松● さしあたり他比量なんていうのは悟りにとってはどうでもいいわけね。衆生を済度しなくちゃいかんからその限りでは必要だけれども。

吉田◆ その問題は説法というかな。つまり仏の説いたことばというか、それをどういうふうに捉えるかという問題と……。

廣松● あなたの専門というか、真言の場合にね、身口意《しんくい》という時の身口意とは何ぞやという言い方になるけれども、特に真言のあり方がね。

吉田◆ これはむしろ法界縁起のほうへいっちゃわないとちょっと……。

★15――推理における概念の包摂関係論。西洋論理学の周延(distribution)論に対応する。
★16――言葉の対象表示機能は「他者の排除(アポーハ)」であるとする理論。

真言

言語というものは、誤謬の一源泉として
警戒を要するにせよ、『ガリヴァー旅行記』の
「バルニバービ王国」のように、言語の使用を廃止するわけにはいかない。
サピア・ウォーフの言語相対主義を俟つまでもなく、マルクス・エンゲルスが
つとに指摘する通り、「言語は意識の現実態」であり、「言語は他人にとって対他者的に現実的に存在し、
故にまた私にとって対自己的にもはじめて現実的に存在するところの
現実的・実践的な意識」なのであって、われわれは言語の善用を心掛けるしかすべがない。
言語の「意味」は、外的な対象そのものでも、内的な心象そのものでもない。
単質的な「意味なるもの」を想定して、それを確定しようと試みても所詮は徒為に終る。
けだし、言語の〝意味〟と総称されているものには、実際には幾つかの契機が含まれており、
それを単層的な或るものに還元することはそもそも不可能だからである。
われわれとしては、いわゆる「言葉の意味」を構造的な一総体として「関係の第一次性」の了解のもとに把え返さねばならない。
そのとき、言語は「世界の如実相」と相即的に規定し返されることになろう。

廣松● さっきから持越した事事無礙の話を期待しながら、法界縁起《ほっかいえんぎ》▼のほうに話題を移しましょう。手はじめに素人的に言わせていただくと、さっき関係性ということについていろいろ言ったわけだけれども、一口に法界縁起といったって四つのパターンに分れると思うんです。個別と個別との関係、個別と普遍との関係ということもあるし、理と事との関係ということもある。これにいちいち立入っていたのではきりがないんで、できれば理事の関係、それから事事の関係に焦点を置いていただけると有難い。理と事とは、ヨーロッパ式にいえばエッセンティア（本質存在）とエクシステンティア（現実存在）にほぼあたると思うんですが、いよいよこの次元を考慮に入れて、関係性ひいては関係態の存立構造が主題になる段取りだと思います。

吉田◆　これがなかなかご期待に応えられないんだな（笑）。まず話を三性から始めると三性というのがいま、あるように言ったけれど、それはないんだな、実は。三無性というの（笑）。

廣松●　何でもあるみたいで結局何にもなしになるんだからね。

吉田◆　結局それぞれが関係のうちにあって、それではじめてそれぞれが成立しているから、あるけどないということになる。縁起は空性だからね。あるいは無自性だから関係が成立する。しかし三性はただないというのではなくて、無いあり方はそれぞれ違っている。たとえば偏計所執性は、ゾウがいるという規定を実在と同一視するが、そういう規定は対応する実在を持たないのだから、相無自性である。それから依他起性は、呪術師による幻のゾウやウマのようなもので、それ自体で生じているのではないから生無自性であり、円成実性は有無の二辺を離れた無自性そのものであるから勝義無自性であるという。

▼法界縁起——華厳宗の中心思想。すべての事物が縁起的につながっていることをいうが、特に四法界でしめされる世界のありかたである。事法界（事象の世界）、理法界（真理の世界）、理事無礙法界（真理と事象が妨げなく交流・融合する世界）、事事無礙法界（事象と事象が妨げなく交流・融合する世界）の四つである。これらの根底には、すべてのものがいかなる実体性や固定性も持っていないという無自の思想がある。本文八五頁でも語られている。

廣松● 関係というのはそれぞれが無自性だから成立するという。これは前にも出た中観派の考えと同じですね。

吉田◆ そうです。しかし中観派と違って日常的認識の虚構性の構造を三性説で説く。で、この三性の構造を唯識観によって修習することによって転依、つまり悟りに到り、その時に煩悩、業《ごう》の根源体である八識が転換して智慧の世界が開かれてくるというわけです。

廣松● その時に業煩悩はなくなってしまうのか。

吉田◆ いや、あるんですね（笑）。しかしそれはもはや業煩悩としては働かない。たとえば前に言った第七識のマナスは、転換によって自他の平等を悟る智慧（平等性智）になるといわれているし、他の識についてもそれぞれの特性に応じた智慧に転換する。そこでそういう智慧はどう働いていくかというと、不住涅槃、不著生死、つまり涅槃の寂静に入ってしまうのではなく、他者の迷いの除去つまり衆生済度に赴く。しかしもう既に迷いを離れているから不著生死、生死に執われることがないということになる。

廣松● というわけでこの対談にも出てきた（笑）。すると事事無礙法界、これはどうなりますか。

吉田◆ これは中国の華厳宗で出してきた思想で、関係性としての縁起の世界を徹底的に規定しようとしたものだといえる。そこでまず法界というのは、簡単にいえば仏の世界というか、真理の世界というか、しかしこれはわれわれが生存している現実の世界でもある。結局、いろいろいうより定義からみていった方がいいので、法は自性、規則、対意という意味、界は因と性と分斉という意味だという。★17 ここで因というのは法界から仏の法が現われるからで、性は諸法の依り拠となる意、分斉は全て違うのだからその各々が混り合わないで、分限を守っていることだという。

廣松● 途中で口を挟むみたいだけど、分斉というのは離(アポーハ)つまり「排除」とか「区別」とかいう概念とつながっているのかしら。

僕は「アポーハ」という概念にものすごく興味がある。このごろ、ヨーロッパでもようやく構造主義なんてものが流行ってきて「示差の体系」ということを声高に言ってるけど、仏教では陳那《じんな》(ディグナーガ)あたりから、存在の世界を関係性に即して観ずるさい、関係性としての世界とは、要するに示差の体系だという了解が非常にクリアーに出ている。いまの話

★17——『講座仏教思想』第一巻 法界縁起と存在論(思想社)。

は華厳の法界縁起ですから、考え方がもうちょっと中国的にデフォルメされているだろうけれども、法界が分斉という相でのそういう示差的区別の体系としてまずあって、それが単に混り合わないだけでなくて、さらには全部が映し合うという在り方をしている。ということで、ライプニッツのモナドロジー▼と比較されたりする所以になるんだけれども、とにかくそういう発想があって、ヨーロッパでは最近になって出てきたような議論が仏教哲学では旧くから体系的に展開されていた。というわけで、事事無礙法界のほうに早くいってほしいんだけど。

吉田◆　早くいくんですか。

廣松●　悟りはパッとこないとね（笑）。

吉田◆　悟りに到るには苦労しなけりゃダメなのよ（笑）。事事無礙法界といったって、四種法界の一番最後だからね。で、四種法界というのは。

廣松●　事法界、理法界、理事無礙法界、事事無礙法界。

吉田◆　ええ、で、事と理ですが、事は現象で理は本体ではないんですね。エクシステンティアとエッセンティア▼でもない。事のうちに現象も本体も、現実存在も本質存在も含んでしまう。それに対して理は、これは差別のない空性のことで、無自性性とでもいうべきもの、それで無自性だから一切の関係世界が成立しているということを現わすのが、理事無礙法界ということになる。

廣松● 無礙ってのはどういう感じなの?

吉田◆ これは厳密には円融無礙っていうんだけど、何故、円融無礙かというとこれに二様の考え方があって、一つは相入相即、もう一つは同体異体という。それで相入相即というのは、関係のあり方を入と即というカテゴリーで考えるわけで、譬えでいうとこれは三本足で立っているカナエの一本一本の足が他の足とどう関係しているか。

廣松● 相入というのは、一本の足に他の二本の足が入っちゃう。

吉田◆ そうそう。一本の足が自分だけで立てない。自分と他の二本の足によって立っていると

▼ライプニッツのモナドロジー——通常モナドは単子と訳され、ピュタゴラス派以降、伝統的に、世界を構成する要素とされていた。しかし、ライプニッツは物理的原子論を批判し、宇宙の最も単純な要素は空間的拡がりをもたない、不可分の形而上的な単純者であるとした。ここで廣松によって指摘されているのは、このモナドが相互に独立しており、他とは異なる性質をもちながらも、自身の内的原理に基づいた表象作用において他を映しあうという性質と、法界における分斉の性質との類似性である。

▼エクシステンティアとエッセンティア——エッセンティア(本質)とは、その事物をその事物たらしめている本源的な要素、根拠のことをいう。対してエクシステンティア(現実存在)は本質と対置され、事実的で具体的な存在のことをいう。

いうことは、自分の中に他の二本の足が入っているからだ。相入というのはものの働きの面から関係の無礙性を考えている。

廣松● そこで相即というのは、入っているだけではなく一本の足は他の二本の足と同じだ。

吉田◆ そういうこと。この場合は作用ではなく本体が相即無礙だという。それでこれを数の場合でいうと、一たす一が成立するのは一の中に二があるからだということになる。つまり、一と二という数は他との関係のうちで成立しているわけだから、相入相即という考え方でいくと一の中に無限の数が相即している。

廣松● なる程ね。

吉田◆ そこで次に同体異体というのは、これも関係のあり方を二方面からみた場合のカテゴリーで、あるものが他の一切の関係によって成立している場合、そのものは他の一切のものを含んでそれ自体で成立している。これが同体で、他方、一切のものが他との差別において成立しているのが異体ということになる。で、この四つのカテゴリーをうまく使って一切の存在が相互に渉入交徹しているありさまを説くのが無礙ということになる。

廣松● 区別はありながら関係している。関係しているというのも、なんか概念的に関係しているのでなくて、存在そのものにおいて相即相入している。

吉田◆　そこで事事無礙法界が成立するのは、理と事が今いったようなふうに相入相即しているから事と事が無礙であることになる。そこで事事無礙法界のあり方をこんどは十玄門で説いてるわけ。それをまたどういうふうに概念化して西洋流の論理でいうかというのはたいへんむずかしい……。

廣松●　あちらが遅れてるから彼らのことばじゃ表現できない（笑）。

吉田◆　たとえば同時具足相応門というのがある。これは時間的に同時に事と事がたがいに相応している。これは微塵、つまり先程の原子論じゃないけれども、微塵ということを言うわけです。これはアビダルマだとか、西洋のアトムでなしに普通の塵でいいわけですね。勿論アトムでもかまいません。そういう塵の中に全法界が同時に入りこんでいる。

廣松●　ライプニッツ式にいえば一つ一つのモナドに全世界が映っている。

吉田◆　映っているんじゃないんだな。そのものになっちゃっている。そういうふうに考えなければ事事無礙にはならない。さっき言った一切法が微塵の中に入っている。一切法というのはたとえば教と義だとか理と事とか、境地だとか因果だとか、そういうものがすべて入っているというわけですね。それは単に一微塵の中に一切法が入っているだけじゃなくて、一切法の中に一微塵は入っているという、そういう関係です。

廣松● そうすると、因陀羅網境界門て言ったっけ……。

吉田◆ そこまでまだいかないんだ。

廣松● そうか、じゃ早くいってよ（笑）。だけど、事事無礙法界と因陀羅網境界門《いんだらもうきょうがいもん》というのは大体同じような……。

吉田◆ ええ、だから十玄門の一つが因陀羅網境界門……。

廣松● なるほど、一つにすぎん。

吉田◆ それは分け方も違うんですけどね。新しい十玄門▼によれば七番目に出てくるのは因陀羅網境界門、第一番は同時具足相応門、第二番は広狭自在無礙門といって、なぜそういう広い法界というのと一塵が相応無礙なのか、という点で広と狭に分けてそれが自在無礙である。これいちいちやっていくのは大変だけどなぜそうなっていくかというのは相入相即、前に言った同体異体というカテゴリカルな分類がその十玄門の中に入り込んでいるわけですね。だから十玄門を問題にするより相入相即、同体異体というのをとりあげて考えた方がよい。

廣松● 関係の第一次性といっても、一応は項を異体として考えておかなきゃいかん。そうしないと同異円備も説けない。対他的反照の当体をいったん措定する。

吉田◆　そう、それが異体なんですね。縁によってある。だから他者を全て自分の中にもっている、それが同体。

廣松●　要するにその議論でもって関係性、関係性というお題目だけでは済みませんよ。もっと階型的に考えて、平面的な関係規定だけではなく、立体的なというか、次元的差異をも入れて縁起の構造を考える必要がありますよ。そう言うわけですね。

吉田◆　その関係の立体的あるいは四次元的構造は、簡単に要約できないので、ここでは省略しますが……。

▼十玄門――華厳宗の代表的な教説の一つ。十の視点から究極の縁起の世界のあり方を説いたもの。十玄縁起無碍法門という。

廣松● そこでライプニッツやヘーゲルの或る発想と対比してもらえるといくらかわかりやすくなるかもしれないと思うんです。ライプニッツのモナドロジーは常一主宰の存在論だから話にならんと言われるにしても、吉田さんが華厳のそこにうんと拘わるのはおそらくヘーゲルの本質論の反照規定あたりから、概念論のかなり後のほうのところまでカバーするような議論との関連を念頭においてという一面もあるでしょう。このところヨーロッパの哲学界ではライプニッツを再評価する声が高いし、ヘーゲルの再評価も進んでいる。そういうのを一方でにらみながら、ああいうのはちいせえちいせえと言いたいのか(笑)、そこは措くとしても、ここでちょっとヨーロッパ哲学の悪口を言ってくれると何を言いたかったかがわかりやすくなると思うんだけど。

吉田◆ モナドロジーというのはやっぱり意識の表象というか、そういう面でしか考えていないんじゃないか。それにたいして華厳の場合は事事無礙法界の説明のところで出したように、そんな意識の次元だけで考えているんじゃなくて、教義とか、あるいは主観客観とか、あるいは本質存在と現実存在だとか、そういう一切法なんで、単にモナドとしての人間を中心にして考えていった世界が問題になっているのではない。一塵がすでにそこにすべての法界を成している、なんていうわけですから。

廣松● 一塵が全部を成しているとまでいわれると面食らうけど、普通は重々無尽の話で、因陀羅網、帝釈網の話が出てくる時には、一つ一つの玉にほかの玉が全部映っているという譬えで説明される。たくさんの玉が映し合っている場合、映っている無数の玉の一つ一つが全部を映しており、そこに映っている玉がこれまた……という具合に無限に映し合っている。ライプニッツのモナドの世界はこれに近いイメージをもってはいるけれども、モナドには窓がない。つまり、相入ということが起らない。レプレザンタシオン(再現)といっても、実は「表象」にすぎないわけで、円融しない。仏教の場合には「無窓の単子」ではなくて、何というか……。

吉田◆ 窓はもう無限にあるということでなきゃいかん。あるいはそれ自体がすべて窓だ。

廣松● だからモナス(全一)マド(窓)(笑)。全部一つの窓だ。

ところでヘーゲルとの繋がりというか比較を考えた場合どうだろう。

吉田◆ ヘーゲルの場合は学の体系というか、たとえば論理学だとか歴史哲学とか、要するに絶対精神の自己展開、そういうものとして説かれているわけだ。で、これは前にもいったけど、逆立ちして歩いているという面と、たとえばキェルケゴールなんかの批判がありますよね。主体というか、そういうとまた無我説で（笑）、そりゃそれこそ生きている、なんていうかな悟りという問題が出てきちゃうわけだけれども、そういうものじゃなくって、学問的対象世界の出来事の中ですべてを構築していく。だからこれはやっぱり科学主義というか、そういうものがどうしてもヘーゲルの場合には出てきちゃうんじゃないか。それこそここに飲み、食い、かつ談笑している自己の問題というのが脱けちゃうという点で一つはヘーゲルの場合は遺憾。

廣松● なんかえらく実存的になっちゃったねえ（笑）。

吉田◆ ですからそういう意味では実存というか、たとえば主体性が真理であるというような面ね。主体性自体が問題であるにしても、要するにこの世の中、どう生きていくかっていうような、そういう問題がどうしても根底にあるんですね。つまり無我説を唱えた場合でも、それはいつでもこの世界から解脱するというふうな、そういうものとして釈迦自身が問題を提出してきたわけだから、自分が救われなけりゃどうにもならないんで、どうもヘーゲルじゃあ救われない。

廣松● いやあ、坊さんが実存言い出したから、アカが反撥するというわけじゃないけどさ（笑）。

さきほどの話の限りだったらキェルケゴールというよりむしろマックス・シュティルナー▼の『唯一者とその所有』での唯一者にむしろ近いんでね。シュティルナーの場合、世界全体をある意味じゃひとりひとりの実存が所有してるわけだ。そういうひとりひとりの実存的個体が彼のいう「唯一者」のわけでね。一塵が世界全体を持っているみたいなその話までは……。

吉田◆それは唯一者っていうそういう理論ね、というか、テーゼというか……。

廣松●それ有の哲学やと言いたいんだろうけど……。

吉田◆有の哲学というか、自分から離れたところで描かれた世界というかな。というものとしてあるわけでしょう。

廣松●そうでもないんですよ。マックス・シュティルナーの「唯一者」というのはね、「無」でもある。世界全体の所有者でありながら、実は反面では実存的な「無」とされている。ヨーロ

▼マックス・シュティルナー（一八〇六―一八五六）――ヘーゲル左派の哲学者。『唯一者とその所有』（一八四五）で、個々人を神や国家などから切り離し、それ自体で十全な、唯一的な自性（「創造的無」でもある）を持つとし、「所有」においてその自己を享受せよ、と呼びかけた。現在ではアナーキズムの原典としても重要視されている。

ッパ的な有の世界の枠内の話ではあるにしても、シュティルナーは実存的無の哲学者の一人なんで、キェルケゴールと並ぶ実存主義哲学の元祖とも言われているわけです。全世界の所有者でもあり、かつ無であるという奇態な議論なんだけれど、案外いい線いっている(笑)。このシュティルナーを叩いて登場したのが『ドイツ・イデオロギー』でのマルクスなんですね。デビューという意味ではないけれども、ヘーゲル左派の準位を、そこできっぱり超克したという意味で……。

吉田◆それはどういうふうに叩いたんですか。

廣松●一口でいえば、シュティルナーはフォイエルバッハの本質存在としての人間に対して現実存在(実存)としての人間を対置したつもりでいるけれども、所詮は実体主義の構図を脱していない。それはヘーゲルのあの具体的普遍、本質と実存との統一性という建前のうちにあった一方のモメントを他方のモメントに同位的に対置したものにすぎず、あまつさえ、シュティルナー流の実存が悟性的抽象にすぎないかぎりでは、そういう実存とやらはこれまた一種の本質存在に堕している始末だ。というわけで、実体主義的な存在観への批判がポイントになる。マルクスとしては、あの有名な「人間の本質とは社会的諸関係の総体である」というテーゼの線で、つまり、関係主義的な存在観を打出しているわけです。マルクスとしては、理と事、事と事との相入・円融を縁起観ではないにしても、ともかく関係の第一次性という存在論的了解に立って考えている。

マルクスの話、それから、マルクスのこういう関係主義の母胎になっているヘーゲルの存在観――これは所詮、キリスト教的な有の哲学ではあるけれども、彼はさすがに、具体的な問題場面では、あの反照規定論などに象徴されるような対立物の相互浸透その他、関係主義的に発想している次第ですが――これについてはここでは立入らないことにしましょう。ヘーゲル自身が東洋思想にあれだけ関心をもっていたことや、彼の学派からはマルクスとも学生時代仲のよかったフリードリヒ・ケッペンのようなインド哲学の研究者が出ていることと、エンゲルスが仏教の弁証法的発想を高く評価していることなど、この方面についてはいろいろと話題にしたいことが残ってはいるんですけどね……。

さてそこで、いよいよ最後のテーマとして中国哲学について若干おたずねしたい。華厳についてのさきほどの話とのつながりで、まずは朱子学での「正理」と仏教の「理」の関係あたりを話していただけるとキッカケになるのではないでしょうか。

吉田◆おっしゃること知らないから何とも言えませんね。

廣松●朱子学はいろいろの要素を取り込んでいるとはいっても儒学の一分派であり、儒学は所詮有の哲学ですよね、その点、道教のほうは無の哲学のうちに一応入れることができるわけだけれど、老子――彼が実在したかどうかは別として――その思想と呼ばれるものが、はたして無の哲学なのか。『道徳経』のはじめのところに出てくる「玄」ね。注釈にはいろいろ有難いことが書いてあるけど、どうも、女性のあそこのことじゃないかって感じがしてしようがない（笑）。「無い」ことが、つまり「穴」の存在だから（笑）、「穴」があるというのは「無」が在ることだから、有即無、というより無なんですかね（笑）。叱られちゃうな。

吉田◆ 君は昔からそんなことをいっていたような気がするけど（笑）、仏教の場合、『倶舎論』あたりでは、穴としての空は色法に属していて、無為法としての虚空と区別している。道教や廣松哲学にはその区別が無いんじゃないの（笑）。

廣松● 穴への執着（笑）。煩悩の元でね（笑）。老子の道は「無名」といっても、むしろすぐれて有だと思うけれど、荘子になってくると万物斉同、無為自然というとき、普通の意味での有無の対立地平を超えることまではっきりしている。しかし、こういう次元での有無の対立性を超えるということなら、ヨーロッパにもあるし、インドの場合はお釈迦さん以前からいろいろあるでしょう。

吉田◆ 斉物論には仏教の「此れあるが故に彼あり、彼あるが故に此あり」みたいな表現がある。

しかしこれは道教全体の思想の根幹となっていないし、その点では仏教の縁起と同列に論ずるわけにはいかない。それからたとえば、「彼と此とが対立をなくした絶対の境地が道枢で、枢だから環の中心にいて、環が変転しても自分は変転することがない」などという。これは仏教的にいうと逃避ですよ。仏教は無為自然じゃあないんで、輪廻の環の中にむしろ積極的に飛びこんでいく。中心が廻っていないなどと考えるのは妄想ですね。

アイデオロジー／声字実相

廣松● インドのほうの本家本元で最後の後家の頑張りをやったのが密教だよね。それを正統に

▼玄――深遠な悟りの境地。『老子』に基づき、老荘思想を手がかりとした中国仏教で取り入れられた。

▼斉物論――荘子の哲学の中心思想。「道」の絶対性の前では、現実世界での区別や多様などは意味をもたないということ。この「道」と自己を一体化することにより、何ものにもとらわれない境地にいたるとされる。

承け継いだのが、日本でいうと弘法大師であり、その直系を引いとるのが吉田大僧正なんで（笑）、インドの密教あたりの思想では小乗でも大乗でもなくて、金剛乗でなくちゃいかんという、その金剛乗の話を承りたい。

吉田◆大乗はいかんといわれると困るんだよな。

廣松●小乗でも大乗でも駄目だということで密教が出てくる。その新しい仏教哲学の一つにわが真言がある。

吉田◆結局、小乗も大乗もみんなひっくるめちゃうわけでしょう。

廣松●あんなものはヤワだ。剛い金剛乗じゃなきゃいかんということでしょう。

吉田◆いや、ヤワもあるから剛くもなるんで（笑）。じゃ、どこでだめか、というと、それまでの仏教が悟りの世界というのを説いたのは方便として説いたのであって、すべて勝義の世界というのはそれこそ維摩の一黙じゃないけれども、沈黙の世界なんだ。というのがそれまでの仏教だったというわけです。つねに勝義勝義でいったってその世界というのは語り得ない。まあそれは語り得ないんだから語るわけにいかない。

廣松●ということで最後は沈黙だった。それをこんどは真言で真に語るんだというわけね。

吉田◆いや真言で真に語るというより、すべてが真言なんだね。ことばというか、響きだとか、廣松● つまりものが触れると響きが出てくる。そういう声字というか、それが実相なんだというふうに言ってくる。

吉田◆ その場合、所依はないの?

廣松● ないんですよ。

吉田◆ 要するに声だけあるわけか。初めにロゴスありきじゃなくて、端的にロゴスあり。そこでおしまい。

廣松● 初めがないんだからね。だからそれは本不生《ほんぷしょう》とかいいますけどね。本来無から出たとか、有から出たとかいわないから、本来不生という。そこで仏教の無我説とか無自性説というのを真言密教は正しく承け継いでるわけ。

吉田◆ そうするとわが声に聴け、これ真言なり。というわけね。

廣松● おれの言うことだけじゃなくて廣松さんの言うことも真言だし、黙ってあそこに立ってるボーイさんも真言なんですよ。カチカチお酒を注いでくれればそれが……。

吉田◆ 真言か。真言てうまくできてるなあ。

廣松● 尤もこれ、どの程度わかっているかは無限に差別してるというけどね。

吉田◆ ところで、さきほど朱子学との関係で伺おうとしたけど、もう少し一般化して仏教哲学の立場から見た場合——道教とか儒教とか流派が岐れるのでこれ、ひと口に言うのは悪いんだけれども——あえて大ナタ振るって言うとしたら中国の思想をどう評価するのか。

吉田◆ それ、たとえば弘法大師が、儒教とか道教とか、仏教の思想を十に分けてるんですよ。十住心という。これまでのすべての思想のあり方というのを十に分けている。そこで最初の世間心というのが三つある。まず、本能のままに生きているのが異生羝羊住心、全く無反省に愛欲だとか金儲けだとかいうことに専念しているのがこれ。

廣松● 要するに日常性に埋没している？

吉田◆ そう。それから第二住心というのが儒教で家を治め……。

廣松● 仁だとか礼だとか、修身斉家とかへんなことを言うとるが、これも程度が低い。

吉田◆ そうそう。第三番目は道教だ。道教は結局不老長生だ、最終的にはね。

廣松● だから生が苦であるということも知らんと長生きしたい、長生きしたいと、生に執着しとる（笑）。

吉田◆ 結局、自我の問題を離れてないじゃないか。儒教は大体そういう自己の根本問題も知らないで、ただ世の中のことうまくおさめなくちゃあといって暮してる。マルクス主義はそれに入るんじゃない？（笑）。

廣松● 挑発しようたって駄目。まだ出番じゃない（笑）。全部言って下さい。最後に真言を言うのがマルクス主義だから。それで四番目は？

吉田◆ 四番目は声聞の教えですよね。つまりアビダルマの仏教。

廣松● その先、仏教の諸流派を、程度の低いやつから順番にやってきて、それでおれが最後だということね。その最後のあとにくるのがマルクス（笑）。最後に言うたほうが真言では勝ちだからな（笑）。

吉田◆ 結構ですね（笑）。ぜんぜん否定しようとも思わんし、積極的に肯定もしないよ（笑）。

廣松● ふたたび沈黙あるのみ？

吉田◆ いや、大体そういうふうにいうのが世間心の常ですから（笑）。

廣松● 道教は無ということも言うておるからそのへんだけはちょっと買ってやろうということか。そうは言っても……。

吉田◆ 結局、道教も自己の無ということから離れられないんじゃないかというふうに言っているんですよ。

廣松● 弘法大師から見た中国、及びインドの思想の位置づけや評価を伺ったんだけれど、西洋の思想をもし知っていたら、儒教のもう一つ前にマイナス一とか、マイナス二とかでくっ廣松● つけたことだろうね、いやはや（笑）。さて、ここで欧米の自然科学者の、東洋思想への関心のもちようということで、G・S・ステント氏の「科学と道徳――理性のパラドキシカルな二相面」（月刊「エピステーメー」一九七九年五月臨時増刊号所収）の中にある、ステント氏の見解、つまり、仏教と道教と儒教を「スリー・ティーチングズ」というかたちで一括していることについて、考えてみたいのですが。

吉田◆ そうですね。

廣松● 彼にはどうもボーアの相補性の考え方と全部結びつけて、タオでいくとあれかこれかの二者択一にならず、あれもこれも両立させ得るという思いこみがあるらしい。

吉田◆ それは道教にもあるんじゃないですか。「夫れ道は未だはじめより封《けじめ》あらず」だとかね。さっきいった対立のない道枢だとか、無為自然だとか……。

廣松● 無為自然というけどね……。

吉田◆ 差別を、それこそシェリングの絶対者じゃないが、すべての牛が黒い……。

廣松● 暗闇でね。

吉田◆ つまり仏教のように有と無ということでシビアーに闘ってないですよ、道教の感じとしては。

廣松● だから何でもあるわけだ。

吉田◆ いや、何でもあるというのはいってないと思うんですよ、道教では。そこまでいうのは大変なんだな（笑）。

廣松● もちろん。無為自然に徹しなければいけないからね。ただ、彼、ステントさんはコペンハーゲンでワインとウーマンとソングだけじゃなくて、もう一つお習いしてきたのが相補性の理論ということらしいんだけれども……。僕ら仏教文化圏に住んでいるから、相補性の理論なんて、なにをいまさらという感じがなくもないけれど、矛盾律絶対の西洋文化圏というか、「しかりしかり、いないな、これを過ぐるは悪より出づるなり」のキリスト教文化圏に住んでいるとあれでしもショッキングなところがあるんでしょうね。

吉田◆ ステント氏は三つ挙げてますけどね。結局、三つとも主観と客観の問題と考えていいんじゃないか。結局それはデカルト的な二元論に対するアンチテーゼとして出てきているんじゃないか。しかしそれをステント氏のいうようなタオでは解決できない。つまり、三つのアスペクトを言う前に、世界解釈の問題を持ち出している。そしてブッダや老子、またコペンハーゲン学派が、直面した問題は、世界についてのわれわれの基本概念のセットが本質的にパラドキシカルだからといい、カントのアンチノミーと同列においている。しかしタオはいざ知らず、たとえば前にもみたように唯識仏教では何故パラドキシカルになるかという構造を分析しているんですね。それで最初の……。

廣松● インストルメンタルなアスペクトといっていますがね。

吉田◆ 結局、観測者と観測対象の問題ね。これ、唯識仏教の根本問題だったわけだし、日常的意識と科学的認識の矛盾をタオでというのでは、日常的意識にとっても科学的認識にとってもどうにも救われませんよ。

廣松● メタフィジカル・アスペクトというのは仏教でいうとどうなるか。

吉田◆ 日常的意識の批判から出発しないと、せっかく大発見しても、メタフィジカル・アスペクトになっちゃう。法界縁起までいかなくても、アビダルマ仏教的な刹那滅説でフィジカル・アスペクトになるのではないか。

廣松● それでは最後の問題へ行きますか、大体のところはわかってきたことにして。

吉田◆ つまり中観と唯識の二つは必要ない。どちらか一つで解決されている。いずれにしても時間とか空間というのが、観測者を離れてあるように考えていたのが迷妄だということが科学的に証明されたということは、大変結構なことです。

廣松● ボーア自身、自然科学者は自然を観察するさい、単なる観客ではなく共演者なんだということを言い、主観－客観の二元的分離の超克を主張している。ボーアの相補性の理論というのはもっとふところの深いものなんでしょうけどね。ステント氏もそのことは先刻承知のうえで。しかし、通俗講演ですから、おそらく皮相なところに話を限ったのでしょう。彼としては、とりあえずの論点として、デカルト的なデュアリスティックなアイデオロジーじゃだめだという話を持ってきて、それを超克するものとして東洋のスリー・ティーチングズを一括し、タオイズムを持上げたということですかね。でも、ボーアの相補性とか、現代物理学や分子生物学のパラダイムとか、自由と必然とか、そういう問題性との関連で東洋思想に注目しようというのなら、真面目にやってほしいものですね。フリジョフ・キャプラの『物理学のタオ』なんて本も出たようですけどね（その後『タオ自然学』と題して工作舎から邦訳が出た）。吉田さんが最初に指摘されたとおり、東洋の側から積極的に発言しないことにも責任の一半はあるわけで、われわれ東洋の文化圏に育ったものが、今後は考慮しなければいけない。既成の東洋哲学をもってくれば、そのまま現代科学や現代哲学のアポリアが解決の途に就くというふうには考えませんけれど。

第Ⅱ部　事的世界観と〈般若〉の思想

般若

実体的霊魂の想定が廃たれているにもかかわらず、依然として
意識が人称的主観に内属するという臆見が根強いのは、意識野の内部に見出される
或る特異な構造的事態の不当解釈からである。
特異な構造的事態というのは、反省的に対自化して考察するとき、意識野は〝自己の〟身体を
輻輳点とするパースペクティヴな布置を呈しているということ、
そして、この身体の或る種の変位が他者の身体的変位とは異なり、意識野の全体に対してドラスティックな
変様をもたらすということ、このたぐいの意識野に内在的な現事実である。
しかし、これはあくまで
意識野内のフェノメナルな事実であって、
意識野が各人という能知に内属することを意味しうるものではない。
いわゆる〝意識野〟は、身体的自我の膨脹を云々するまでもなく、
フェノメナルな能知的所知＝所知的能知そのものなのである。
意識野が内属する能知が存在するとしても、
それの人称性はさしあたり不明であり、
フェノメナルな世界は前人称的に能所一如である。

吉田◆今回は、こちらから廣松哲学に対する問題提起をしてみます。

いろんなところで、いろんなことが書いてあるわけですけれども、いわゆる廣松哲学というのは、科学の危機というところから出てきている。当然それは、さらに言えば、科学の出現とそれに対して現われた中世的な存在論からの転換、という構図とおそらくタイアップして考えなければならないと思うんですけれども、まずはじめに科学の危機とは何かというのを簡潔に出してもらいたい。それから、それに対応しているところの認識論の危機、あるいは存在論の危機というのが何かということを簡潔に出してもらえるとありがたいんですがね。

認識論の危機というのを批判する方法には二つあると思うんです。一つは従来の諸哲学の批判という形で、もう一つはもちろん積極的な廣松さんの共同主観性▼というか、能知所知＝所知能知的な、あるいは四肢構造といいますか、そういった形での定立があると思うんですけれども、いつもその二つは絡み合いながら論理が展開していると思うんです。

一体そういう考え方がどこから出てきたかという発生論的な面で、まあ私はそれはやはりヘーゲル弁証法というか、あるいはマルキシズムの哲学というか、そういったものを背景にしていると思う。しかし、それをドグマとしてではなしに、実際に現実に起っている科学の危機というものに定置しながら、あなた自身の哲学を展開しているということだと思うんですね。

そこで、たとえば弁証法というのが廣松哲学の発生の基礎にあると考えるわけだけれども、その場合の弁証法というのは一体定式化できるのかどうかという問題。もしやるとすればどういうふうに定式化できるのか。またこれはヘーゲル哲学との関係でもいいんです。

▼共同主観性――フッサール現象学において提示された主観性についての新たな概念。主観性とは根源的には単独で働く物ではなく、相互に共同的に機能するのであり、そうした間主観的な共同性が対象へと投影されることで客観的世界という表象が生じるとされる。

それから、そういう点と関係して、マルキシズムにおいて、たとえば『資本論』みたいな形で一つの社会的な構造というのが明らかにされた。そういったものが廣松哲学において定置されるのかどうかというのも、興味があるわけなんです。

それからさらに、これは仏教とも関係してくるわけですけれども、その弁証法というか、そういった問題が明らかにされるならば、そこで仏教の縁起論であるとか、あるいは般若……仏教における智慧の問題ですね。そういったものとの関係はどういうふうにとらえられるであろうか。あるいは社会的存在。マルクスのいう人間の社会的存在というのが共同主観性といったものの背景にあると思うんだけれども、それは仏教の場合にはたとえば共業《ぐう》という考え方なんですね。カルマが同じ。そこでおそらく仏教の場合には、社会主義の問題とのかかわりが追求されてくると思うんですけれども、そういった関係。

それから、マルキシズムの場合、労働というのが基本に据えられているわけです。まあ廣松哲学の場合は共働。これは必ずしも全面的に展開されているわけじゃないけれども、それが考えられていると思うんですが、仏教の場合にはそういう労働というような観点は、あえて考えるとすれば行（サンスカーラ）ですね。五蘊で言えば、色受想行識の行に入るかなと思うんだけれども、それとの関係。勿論、仏教には労働価値説みたいなものはありませんけど。

それから、主観－客観の図式を否定していくとしてそれが共同主観的な四肢構造という形で定置される。そこには近代的な人間の思惟、主観－客観図式という最も抽象された、しかもまた一般的になっている、そういう人間の認識に対する批判というのが常に行なわれるわけだけれども、その場合、仏教の場合でしたら、そういう人間存在が必然的に、それこそ主観－客観図式みたいな、アートマンとして自己をとらえて行く底に、一切皆苦といったものを見ていく。もちろんその一切皆苦という背景には、諸行無常というふうなことを見ていく。そしてそれが、諸法無我ということによって涅槃寂静へ……。

もちろんそこには、諸法無我というのを観じて行くというか、実践して行くというか、そういう実践論というものがあって、そして涅槃寂静ということが説かれてくる。その主観－客観図式の批判において共同主観性が定置された場合に、それはどういう形で実践論になって行くのか、という問題があると思うんです。そこのところはどう考えられているか、私の興味のあるところなんですがね。

そこでまず現代科学というか、あるいは近代から科学が出現してきた、それと認識論が展開してきたという、その対応関係。そういう中でいわば行きついたところが科学の危機という状況である。それに応じて認識論的な転換がはかられなければならない。そういうふうに考えていいわけですか。

廣松● 科学の危機というのは、狭い意味での自然科学の危機という次元のことではなくて、もっと射程の大きいものだと思うんです。たとえば素粒子論の行き詰りと言われているような意味での科学の危機ということも、実際には近代ヨーロッパの世界観全体の再検討を要求する性格のものだというふうに私としては位置づけて考えるわけです。

尤も自然科学者に言わせれば、危機じゃないと言うかもしれない。古典物理学的な世界像は行き詰ったけれども、それに代るべき現代的な科学的パラダイムが確立しはじめている。だから、危機じゃないというかもしれない。しかし、私に言わせると、まだ新しいパラダイムが確立しきっていない。古いものではどうにもならないことははっきりしており、新しいパラダイムの方向が見えはじめてはいる。しかし、まだすっきりしない。そういう過渡的な状況が、かなりの期間つづいており、なかなか打開できないでいるのが現状だと思うんです。そこには、危機ということを云々させるだけのデータがたしかにみられる。それにまた、ポスト・ケインズが云々される経済学をはじめ、社会学にせよ、歴史学にせよ、広い意味での社会諸科学の方面でもゲシュタルト・チェンジの局面を迎えていることはまぎれもない。が、そこでの問題論的構制を分析してみると、自然諸科学であれ社会諸科学であれ、単に個別科学的な次元でのアポリアではなく、もっと根が深いことがわかる。近代科学の危機と言われているものは、デカルト的な主客二元論、あるいは主観－客観図式の問題もあるでしょうけれども、あえて存在論的な次元に絞って問題にして行けば、実体主義的な世界観の総体的な危機だろうと思うんです。

ヨーロッパの有の哲学においては、実体主義というものが、歴史的にみるとき、近代以前におけるホーリズム的な、有機体論的な実体主義、それから近代における要素主義的、原子論的な実体主義という二つの形態を取っているけれども、とにかく実体主義というものが、有の哲学の基本的な了解事項になっている。今では古い有機体主義的な実体主義に戻るわけにはいかない。さりとて原子論的な実体主義ではどうにもならない。その微妙な事情が、相対性理論にせよ量子力学にせよ、現代物理学の場面であらわになっている。実体主義に対するアンチテーゼとして、まさに関係主義的な……ストレートに縁起とは申しませんけれども、関係主義的な存在観が対置されざるを得ない局面に来ている。そういうことだと思うんですね。

社会科学や人文科学といわれる方面でも、パラダイムの次元でいえば事情は同趣なんですよね。社会・文化現象を実体的に支えるものと思念されてきた「個人」「自我」というものが、機能主義的に把え返される。そこではまだ、物的な実体性が反面で支えになっていたかもしれないけれど、哲学的な展開ではそうはいかない。「自我」という〝実体〟に関する実体主義の構図だけを辛うじて形骸的に維持することで成立っていた実存主義――これは多分に構造・機能主義的な傾動を孕んでいた過渡的なものとも今にして言えますが――、ともかく、その実存主義が内部的に崩壊して、構造主義という一種の関係主義が登場するようになっている。

そういう意味で、関係主義的な存在観というとき、ヨーロッパの世界でも、やれ構造主義であるとか、関数的なものの考え方とか、いろんなことが部分的には問題になり得るだろうけれども、世界観のオーダーとなれば、何と言ったって、東洋における仏教の無の哲学、関係主義の哲学というものが差しあたって問題になってくる。そういうコンテキストのなかで、俗に言われている科学の危機の問題と仏教哲学の問題とが、話としてつながると思うんです。

吉田◆ その実体主義的な世界観が行き詰ったと。そのことと主客二元論とはどう関係するんですかね、実体主義の世界観。

廣松● 切り方によると思うんですけどね。主観－客観図式というのは、デカルト的な二元論というところから考えて行く場合には、精神的思惟実体と物質的延長実体といいますか、この実体主義的な存在観が基礎にあって成立したものでしょう。主観と客観とをまずは実体主義的に絶対的に分離したところから、主客図式のアポリアも出てきている。能知と所知とをファンクショナルに分けるということだったら、これは誰だって昔からやってきていることなので、いわゆる主客図式のアポリアに直ちになるわけではない。近代ヨーロッパ流の主観－客観図式がアポリアになる所以のものは、主観というものを実体的に閉じこめて、その外に客体を置くというところから出てきているんじゃないでしょうか。主客図式というものは、存在観の場面での実体主義と、密接な関係があるように思うんですがね。

吉田◆ 実体主義というのは、何も主観－客観の実体化でなくてもいいわけでしょう。

廣松● ええ、もっと広いと思いますよ。

吉田◆ だから、仏教の場合には、そういうもっと広い意味での実体主義というか、それを否定するということが言えると思うんですがね。

廣松● 自性空の指摘というか、空観に象徴的に現われるような存在観ね。つまり、仏教哲学の根本義である「無我説」。ところで、第一部でも問題にしましたけれども、現代科学の到達したところ、常一主宰の実体というものは存在しない、ということが、物理学そのものの中で明確になってきている。ここでその話をむし返したのでは芸がないので、別の方面を題材にしましょう。

主観と客観という話は、主体と客体という対立の場面で考えるときには、身体というものをどう位置づけるかという問題が非常に厄介になってくる。ある種の局面では身体を含めて主体が客体に対立するわけだけれども、別のコンテキストでは身体まで客体の中に織り込まれて、主体の側は純粋精神ということにされる。そこで客観世界の認識をめぐるアポリアと並んで、デカルト以来、近代ヨーロッパ哲学では早速身心問題という形でのアポリアが出てくるわけですね。そういうことに関連して、仏教あたりで身心問題をどういうアングルで見ているかを話していただくと、実体主義に対する関係主義ということを、場面を変えてといいますか、ふくらみを持たせて議論できるんじゃないかと思うんですが。このさい、僕として主眼を置きたいのは「身ー心」関係そのことではなく、むしろ、実体主義の二大拠点の一つたる「自我」「主体」、つまり物理的物質と並ぶもう一つの基本的〝実体〟とみなされてきたもの、これをめぐって話題にしたいということなんですけどね。

吉田◆　最初の、仏教の人間のとらえ方というのは、色受想行識、五蘊としてまずとらえる。蘊というのはスカンダ、集まりということです。五蘊というのは、実体的に五蘊があるんじゃなくて、五取蘊というんですね。だから、五蘊、あるいは五つの色受想行識というふうなそういう集まりとしてあるものを世間では自己というふうにとらえる。一体その五蘊のどこに自己があるかという形で、いつも無我ということを言ってくるわけですね。ですから、身心関係といった場合に、精神的な実体としての心と、物質的な実体としての身体というのを分けてその関係がどうなっているかを分析的に議論するということをしない。色《しき》が物質的なものだと言えば物質的なものですけれども、色《しき》と、それから精神的なものとしての受想行識、それが集まったものとして最初から考えられている。しかもこの五蘊説は我という実体は無いのだという説明のために用いられている。それから十二因縁▼の考え方でいえば、無明―行―識―名色―……という系列の中で、名色が身体だという説がある。

▼十二因縁――縁起を説明した代表的なもの。無明（智慧がないこと）、行（意思的行為）、識（六識）、名色（名称と形態）、六処（六種の感覚機能）、触（対象との接触）、受（感受）、愛（渇愛）、取（執着）、有（生存）、生（生まれること）、老死の十二で説かれる。前のものが後のものの原因になっており、この順で苦しみが生起するのを順観、無明を絶てば順にすべてが消滅することを逆観という。

そうするとこの場合、識が心で名色が身体だから身心関係がそのまま提起されているわけですが、その提起のされ方は、十二因縁という関係項の中でのみ意味を持っている。いいかえれば十二因縁というのは理論ではなく観法で、ご存知のように順観と逆観によって、関係各項の相依相関性とその無自性性を観じていくんですね。

さらに『倶舎論』なんかになってくると、そういう五蘊をまた今度は別の分け方をしていきます。それはまず十二処と十八界という分け方です。十二処というのは、眼耳鼻舌身意（根）と色声香味触法（境）。それに眼識界、耳識界と、意識界まで含めた六識界を十八界という。十二処という時の処というのは「場」なんですね。これは眼等の内の六処と色等の外の六処です。界というのはたもつものとか差別の義です。身心というのはわけられているけれど、常に関係的、統一的に考えられている。勿論、『倶舎論』などのダルマは、これは三世実有法体恒有ですから実体的に考えられていますけれども、しかし、中観だとか唯識になってくると、そういうダルマが実体的なものだということは否定されてくる。五蘊皆空を説く『般若経』▼が既にそうだったわけですね。

廣松● 非常に素朴なところから質問したいんだけれども、有情と無情というんですか、これを生物と無生物に分けていいかどうかいささか問題ですけれども、大ざっぱに言って生物と無生物の違いというのはどこに求めるんでしょうね。

吉田◆　有情と非情というんですね。非情というのは結局、器世間ということになるんですかね、関係世界というか、有情というのはその中で生命をもって動いているものというふうになると思うんです。

廣松●　その場合、非情自身、一種の生命というか、さらには意識というものを持っているということになるかしら。もしそうなるとアニミズム的な世界観になるんだけれども、その点どうなんだろう。

吉田◆　いや、非情は意識は持っていないですよ。

廣松●　もっとも、今いった意識というのは広い意味での意識ですけどね。五識含めた。

吉田◆　ですから、意識を持っていないから非情というわけですね。

廣松●　そうすると、五蘊にならないのかな。非情は。五蘊ならざる一蘊で色だけなのかな。

▼『般若経』――「智慧の完成」を解く経典群の総称。度重なる否定による空観の強調が特徴。→般若思想の項を参照のこと。

吉田◆　五蘊といった場合には人間しか考えてないですよ。つまりほかの人間以外の生物というのは考えの中に入っていないです。ただ有情といった時には、動いている、生命のある意識的な存在と考えられるもので、山川草木などの非情と区別しますけれども、とにかく問題になっているのはいつも人間ですね。『倶舎論』なんかになると、非情－有情の世界がどういうふうにしてできたかということを問題にしてきて、世界は有情のカルマ（業）によってできてきたと考えたりしていますが。

廣松●　五蘊を摂する、つまり統一する働き、そういうものとして一応、心の作用みたいなものは考えないんですか。

吉田◆　それは考えないですね。むしろ前にもいったように五蘊と統一する心みたいなものを考えるのが妄執だというんです。ただ『倶舎論』というか、部派仏教になってくると、心と心数あるいは心王心所というふうにして、心というのはそれを摂するような働きと考えられている。しかしその場合も心というのが起ってくるのは、必ず心処に相応して起ってくる。それだけを取り出して心だけあるということはない。必ず心の働き（心処）と心というのが相応して起ってくる、というふうに見ていますね。

廣松●　輪廻転生する場合、体ごと輪廻転生するわけじゃないでしょう。

吉田◆　そうですね。

廣松●　仏教の場合はそういう伝統的なパターンに対する批判から出てきているに違いないけれども、もともとの発想のパターンとしては、体があって心があって、それで心だけが輪廻転生するというような発想。

吉田◆　それはそう。輪廻転生の場合ははっきりそうです。霊魂が不滅である。その場合、これはヤージュナバルキアなんかの説だと、尺取虫みたいに移って行く。その場合は霊魂が尺取虫で葉っぱが体ですね。尺取虫がこっちの葉っぱからあっちの葉っぱに移って行くけれども、霊魂は変わらない。ある場所というか、それが置かれている状況が違ってくるという発想で見ているわけでしょう。

廣松●　その場合、カルマを積んで行くという時には、体の方で何か起ったことが魂の方に影響して、その影響を受けた形での魂が輪廻する。そういうパターンになっているんでしょうね。

吉田◆　輪廻が成立する条件というのは、常一主宰のアートマンと、そのアートマンが宿っている身体と、それから行為としての業です。その場合、業というのは目に見える直接的な働きだけではなく、潜勢力とか余力とかも含めて考える。だからこの世で身体が滅してもその余力が新しい身体に影響を及ぼす。その場合、アートマンとカルマとの関係は、実体と属性（グナ）の関係に類同しています。また、業も身体の働きとその余力だけではなく、心の働き（意業）もあるわけですが、この心の働きも、アートマンにとっては属性ということになります。仏教の場合はこのような輪廻からの解脱が問題だったわけですね。

廣松● そういう既成の発想の図式にいったん乗っかりながら議論を進めて行くところでも、非常に微妙だと思うんだけれども、その図式に乗っている限りでは、体の側が魂に影響するし、魂の側が当然、体に影響するわけですね。

吉田◆ 魂と身体の二元論の場合はそういうことになるでしょうね。無我を主張する仏教で行為がどう相続するかというのは、いわゆる業異熟の問題で、身心二元論の場合とは違うのではないか。業の理論としては、身口意の三業、思業と思已業、表業と無表業、熏習、種子などということが問題になってくる。

廣松● 大乗仏教になってくると、二元主義を克服しているはずですよね。ただし、自分の見解を主張するためには、二元的な図式にいっぺん乗っからなきゃ発言できない。その場合、二元的な図式に乗っかる場合、一つは並行説があり得ますね。それから随伴説があり得る。この場合の随伴は、どっちを基本にしてもいいでしょう。もう一つは、同一説があり得るわけですね。
ヨーロッパ的な枠組に当てはめて、仏教はどれかと問うのはあまり意味がないけれども、しかし、実体としての霊魂も否定するし、実体としての身体というものも否定するという場面になってくると、実質的には何か同一なんでしょうね。ロジカルには区別するけれどもね。

吉田◆実質的に同一ねえ……。まあ同一って言えば同一だし、随伴って言えば随伴だし（笑）。どうなっているのか。身心関係論というのを分けて考えるというか、それを実体的に考えてそれの関係を問うという形で、従来あったわけですね。それが、まあそうじゃない、そういうふうにやった場合には全部だめだ、というような形でおそらく言いたいんだろうけれども、そういう身心関係論みたいな形で、分析的に身と心が分かれて、それを悟性的に分別して、その関係がどうであるか、三つあるとか、そういう形で議論をしていないですね。

廣松●でも、修行する時に、体を鍛えるのか、痛めつけるのか、やるでしょう。そのことが精神にピンピン響くはずなんで、そこのところはどう了解されているんだろう。

吉田◆修行ね。身心二元論の場合は身体が魂の純化にとって桎梏になっていると考えるから、身体を痛めつけたり、瞑想したりして解脱をはかる。その場合、修行している時は魂にピンピン響くし、魂も純化している。しかし修行をやめればもとの木阿弥だし、身体が残っている限り、解脱は得られない。だから仏陀はそういう意味での苦行を捨てているんですね。勿論、苦行と反対の欲望のままの生活も捨てている。それでは仏教では修行しないのかというと、たとえば八正道というのがある。これは正見、正思惟、正語、正業、正命、正精進、正定ですね。だからここではやはり身体の行為と魂の行為というのがわけられていない。戒定慧▼の三学でも同様です。修行といった場合、特に禅定とか三昧▼というのがインド哲学あるいは仏教の場合問題になると思いますけど、これは西洋の宗教や哲学では最も欠落した部分ですね。しかしあえて廣松哲学の共同主観性との関係でいえば、たとえば小乗の場合だと見道に入るという時には、法の流れに入るわけです。だから、法の流れと共同主観性とを同一視すれば、共同主観性の流れに入って行くということになるんです。

廣松● それでね、修行だなんていう局面では、身体と精神との関係を問題にすることになるけれども、もともと実体的に身体というものを世界から分離していない立場においては、実は身－心問題というのは物－心問題の一つのフェーズに過ぎないわけですよね。主客未分の相からスタートし、そこに定位する仏教哲学の場合主客未分の相の中における主のモメントと客のモメント、その関係はどうなっているかという話と身心関係とが、おそらく同じ土俵の中で解決されるという仕掛けになっているんじゃないかと想像するんですが……。

その点、ヨーロッパの場合には、精神的な実体のみならず身体も一つの実体として考えますから、身心問題というのは必ずしも物心問題プロパーと同じ話にはならない。根底では相通ずるとしても、一応別の問題として設定できる。ところが、最後には梵我一如というところまで行ってしまうような、そういう枠の中でしか身心問題も議論できない。主客

▼戒定慧――修行者が修めるべき、戒（戒律）、定（禅定）、慧（智慧）の三つの学び（三学）。この順に修行は進んでいく。戒によって身口意の悪を止め、定によって心を安静に保ち、慧によって煩悩の惑を破り真実を見極める。
▼三昧――心を散らさず安静に保った状態、あるいはそれに至るための集中しきった瞑想。

問題と心身問題が分離できない。そういう仕掛けになっているところに、仏教的な存在観の特徴があるんじゃないかという気がするんですがね。

吉田◆それはたしかにそう言える。ただ梵我一如というのは仏教ではいわないけれど、その仕組みの点ではそういうことになるでしょうね。

廣松●そういう場面で考えて、あえてそのなかでの身心問題というモメントを考え直してみるとどうなるか。心身問題のアポリアを一般論としてここで議論するつもりはないんですが、卑俗な場面でいうと、世界といっても、色《いろ》あり、匂いあり、音ありという、知覚的に現前する限りでの世界とすることにします。そうすると、その世界というフェノメナルな領域の一部分に、私の身体と呼ばれるものが含まれているわけですね。その局面でいうと、心身問題というのは、現相として現われている世界全体と、その一部であるところの私の身体との関係ということになるはずですね。

ところが、普通に心身問題が考えられる時には、今いった世界全体と私の身体との関係じゃなくて、私の身体の中に心というのが宿っていて、つまり身体の方が心を包んでいて、その包んでいる身体と心との関係という話にされちゃいますね。

吉田◆そうですね。

廣松● そうなってきた時に、じゃ、心の中に閉じこめられた意識の世界というのは何か。先程色あり匂いありという世界を言いましたけれども、色や匂いというのは体の外にあるんじゃなくて、実は体の中にあるんだということで、現相世界の全体が、体の内部に閉じこめられてしまう。その場合の身体ということで、なかんずく脳髄を考えるのは近代の特徴だけれども、考えてみると、今いった意味での身体というのは皮膚の限界では完結していないわけですね。いくら自然科学的にものを考える人たちの場合であっても、物質的な身体が心に影響するという時の物質的な身体というのは、実は身体外部のもろもろの物質的な存在とファンクショナルな連関にあるのであって、その全体の影響が、シンボリックにいうと脳の部分で特に活潑に機能して、それで心に影響するという話になっている。

物質世界と称する世界全体の一部として身体はあるんだけれども、この場合は皮膚の限界はどうでもいい。物質的世界の中に心が閉じこめられていて、その物質世界と心との関係という話になるわけですから、身心問題といっても、実は物質世界全体と心の関係が問われていることになる。心というのを実体としてではなくて、色あり匂いありの世界の中で考えるとしたら、意識世界と言われている世界と物質的世界と言われている世界と、この両者が、まあ脳髄か松果腺か知りませんけれども、どこかで接点を持ってどう関係しているか。実はこういう話なんですね。だから、身心問題というのはまさに、物質的世界と称されるもの全体と、フェノメナルな世界と言われているものとの関係なんであって、従って、皮膚的に限界づけられた「身体」という実体と体の内部の「心」という実体との、実体－実体関係ではない。まさに世界と世界との関係。

しかし、そう考えた時に、二つの世界がどう接点を持つのか。ある種の考え方からすると、今いった物質的世界と称されるものが実はないんだ。あるのは唯識的なフェノメナルな世界だけなんだという考え方も生じて来得ますね。しかし、ここで梵我一如ということばを卑俗に使わしてもらうと、今いった物質的な世界とフェノメナルな世界と仮りに二つに分けたものが、実は一つなんですよという形で、梵我一如というシェーマが生きて来得るんじゃないかしら。

吉田◆それは、梵我一如という場合はそうでしょうね。また仏教でたとえば般若問題が出てくる時にも、おそらくそういうことは考えられているんじゃないかと思います。ただ、十二処という分け方を考えた場合には、眼耳鼻舌身意の内処というか内我というか、それからそれに対応して色声香味触法という外の世界というような考え方があるわけですけれども、そういうシェーマが一方にあって、他方にそういうシェーマをぶちこわしちゃうものがあるわけでしょう。

廣松● 特に唯識の場合には、梵我一如を普通の意味で否定するという言い方をするとまずいけれど、しいて、梵と我とを二つ分けておいて、それが一体というその言い方に乗っかる限りは、言ってみればその我の方だけで唯識と称するわけでしょう。

吉田◆ それはそうでしょうね。そうすると、もちろん梵がそこに含まれちゃっている。

廣松● だから、二つに分けたうちの一つというんじゃないけれども。

吉田◆ 我というよりも、唯識性という言い方をする。

廣松● その場合の唯識的な世界ね。その一元的世界というものが、眼の前にフェノメナルに現われている世界だ。しかしそれがそのまま真実在界かといえば、そうは認めないわけですね。空即是色ということでなら認めるけれども、差しあたっては認めない。

吉田◆ 唯識性というのはフェノメナルな世界を認めないわけじゃない。フェノナメルな世界と実相的な世界、両方とも認めている。

廣松● そうすると、唯識的に現われてきているこの世界というのは、自存的に存在するわけじゃないので、それは少なくとも媒介されて存在している。その場合媒介というのは――フェノメナルな世界の内部で、たとえば二つのものをぶつければ音がするというような意味での、つまりフェノメナルな世界の内部での相互関係はもちろんあるけれども、それを幾ら登録したからといってしょうがないので、そこで学理的な反省ということになってきたら——さしあたって、それ自身としてはフェノメナルではないエトヴァス（或るもの）があって、それに媒介されることによってフェノメナルな世界が成立している。そういうシェーマがいっぺん考えられるわけですね。

そのあとが大事なので、フェノメナルな世界はそれ自身で存在するのじゃないということを言って、たとえばイデアの世界の影であるという考え方をするとか、あるいはモノ自体があってそのモノ自体がこういうふうに現象しているんだという言い方をする時には、今度はモノ自体とかイデアの世界とかいうものが実体的に措定されてしまう。これは仏教の場合には絶対に取らない。しかし、一般論として「とは何か」ということを問うて行くのは、哲学的な問いの常套的なパターンだと思うんだけれども、このフェノメナルな世界のもろもろのグリート、フェノメノンとは何かと問うて行った時に、そしてそれが如何にして存在可能かを問うときに、非常にしばしば、今言ったイデアとかモノ自体とか、あるいは物理的な実在だとかいう何かが措定されてしまう。そしてもっぱらそちらを真実在と称してそれの探求をやってきたのが、従来の学問的な営みなんで、洋の東西を問わず、そういう傾向があったわけですね。ところが、仏教の場合には、このフェノメナルな世界がそれ自身あるんじゃなくて、媒介されていますよと言い、その媒介するエトヴァスを一応項としては立てるけれど、ただしそれを実体化することは厳しくしりぞけるシェーマになっていると思うんです。

吉田◆ そうですね。

廣松● フェノメナルな世界を媒介的にあらしめているエトヴァス。たとえば阿頼耶識なんかもある面ではそういうエトヴァスになるんですかね。

吉田◆ そうですね。さしあたってはそう言えると思いますが、そのエトヴァスたる阿頼耶識が転換するということが唯識説の主題ですから。さらにいえば阿頼耶識とか三性とかいうのはあくまでも世俗諦なんです。

事的世界観／三性

廣松● 僕が事的世界観ということを言うさいの一つのモチーフでもあるんだけれども、実体主義に対する関係主義ということを言うだけでは、単なるネガティヴなアンチテーゼに過ぎない。議論のトバぐちとしてなら一定の有効性をさしあたって持つアンチテーゼだとは思うんですけどね……。それだけでは満足できない所以のものですけれど、関係ということを言っても、フェノメナルな世界の内部での、同じ平面での関係もある。それから、フェノメナルな世界を媒介すると考えられるエトヴァスを想定して、それとの関係づけということもある。ところで、従来はその関係づけじゃなくて、関係づけられる相手の項、たとえばイデアなりモノ自体なりが、それこそ真実在であると考えてしまった。だから、フェノメナルな世界の外に何か実体を立てる、ウーシアを立てるという発想になっていた。フェノメナルな世界の媒介性を言う時にはそれと別のエトヴァスを立てざるを得ないけれども、そのエトヴァスとの関係性こそ問題なんだ。項に先立つ関係性こそが第一次的な存在なんで……。

　フェノメナルな世界を超越するエトヴァスを仮りに措定するけれども、そのエトヴァス自身が自性を持っているのでなくて、このフェノメナルな世界との関係性においてのみ存在する。さらに言うと、イデアならイデアを立てた、じゃ、そのイデアとは何ぞやということをさらに問うて行った時に、その措定態はフェノメナルな世界とは別のオーダーでの相互関係性の相を持って存立している。そういう形で、各々のオーダー内部での関係、オーダーの間での関係が、いうなれば種内的・種間的に関係し合っていると思うんだけれども。

吉田◆別のオーダーかどうかということは、それはわからない。

廣松●別のオーダーの場合もあり得る。

吉田◆そういうことは言わないでしょうね、別のオーダーということは。

廣松●今僕が言いたかったのは、フェノメナルな世界と実在の世界という二つの項を仮りに立てて語る場合、その二世界内部の直接的な関係ということだけじゃなくて、この関係性のみならず、別のオーダーでの関係もあるということを仮りの措定態としては立てておかざるをえないということなんです。卑俗な実体主義に妥協して言うと、フェノメナルな世界内部での関係もあるし、モノ自体の世界内部での関係もあるし、それからモノ自体の世界と現象の世界との間の関係もあるしという形で、関係主義ということを言う時には、いろんな場面で関係ということが言える。しかし、そう言っただけではしょうがないので、それらの関係性の基礎的な構造をとらえる場面で、僕としては「事《こと》」ということで表現したいんですね。これは仏教でいう「事《じ》」とはまたちょっと違ってくると思うんだけれども、その事というのを卑俗な場面でわかりやすく言うと主語－述語構造を持っている命題で表現されるような、そして間主観的に妥当する相で存立する事態、とでも言えましょうか。ボルツァーノ▼のいうザッツ・アン・ジッヒみたいなもの、あるいはヴィトゲンシュタインが言うザッハフェアハルト▼。こういったものとの種差を提示しながら表現すると比較的わかりやすいんだけれども、僕としては単にそれをそういったアポファンティッシュな、つまり命題論的な、命題の次元で事というものを考えているつもりじゃない。僕に言わせれば、感性的知覚と言われるような場面からして、すでに何かしらを何かとしてとらえるという構造性を持っている。この構造成態を言語的に表現すると、まさに命題の形になるけれども、ラスク的な表現を使うと、超《メタ》文法的な主語―述語構造。そういう二肢的な構造でとらえたいんです。ある種の錯覚を起すとこの二肢構造論は質料形相論になるんだけれど……。あるものをあるものとして、つまりエトヴァスをエトヴァス・アンデレスとしてという構造的な把握というものが、またそれの構造的契機が、自性を持つように考えてはいけない。実相的には能所不可分の統一態なんだけれども、あえて能知の側と所知の側とを項的に分けるかたちでのタームを使って言えば、能知の側とも相互媒介性にある。そして能知の側もまた二肢性を持っていて――そこで、間主観的存立性ということも成り立つのだけれど――そういう二重の二肢からなる都合四肢的な構造性の成態そのものをあえて概念化した場合に、僕は事というふうに言いたいんですね。

四肢的な構造ということと、「事」というのはザッヘとしては違うわけじゃない。しかも、四肢的な構造というのを超越的に考えるのじゃなくて、フェノメナルな世界が、存在構造の射影でみるとき、そういう媒介性において成立している。フェノメナルな世界は、決してイデアの世界とかモノ自体の世界とかの影ではないし、そもそもモノ自体とかイデアとか言われるもののほうが、今言った四肢的な構造の一つのモメントを実体化し、自存視するという錯認にもとづいて立てられるものにすぎない。そういう点からしますと、同じオントロギー、存在論といっても、フェノメナルな世界を超越する真実在という実体《ウーシア》を求めていくんじゃなくて、まさに関係世界の関係の構造そのものをとらえていきたい、というのが事的世界観ということの基礎的なモチーフなんですけどね。

▼ボルツァーノ（一七八一－一八四八）――チェコの神学者、数学者、哲学者。もとは聖職者であったが、進歩的・啓蒙主義的主張のため免職となり、以降哲学、数学者として大きな功績を残した。主著である『知識学』（一八三七）では、人間の認識や思考を必要としない論理的存在としてザッツ・アン・ジッヒ「命題自体」“Satz an sich”を立て、カント的な観念論に反対した。
▼ザッハフェアハルト――ヴィトゲンシュタインの「事態」。

吉田◆　ちょっとそこで感じたのは、事的という場合のそれは、たとえば三性でいう依他起性にあたりますね。

廣松●　依他起性に違いないんだけれども……。

吉田◆　エトヴァス・メアーとかエトヴァス・アンデレスというのは円成実性ですよ。どうですか。

廣松●　そうね。ただし第一部でも、仏教の場合、論理の因明なんかでも、推論の形式的構造は議論するけれども、意味論的な構造の把握はあまりないんじゃないかという言い方をしたわけですが、僕としてはそこに構造把握を入れたいという点で、僕の勝手に持っている仏教のイメージからするとはみ出るのではないか。別の言い方をすると、そこが、僕の仏教に対する不満なところなんですが……。

吉田◆　僕の感じでは、二重の二肢からなる四肢的構造というのは、三性説でいう偏計所執性と依他起性、あるいは円成実性と依他起性の二重の関係みたいにみえるんですね。ところが三性の場合は三つが二重に関係してくるんです。

廣松●　そこで、一歩突っ込んで伺っていいですか。有の哲学、有の哲学と悪口言うんだけれども、二つのモメンテを立てて、構造的な関係でものごとを見ていこうとする姿勢が、ヨーロッパ哲学には強くあると思うんですね。東洋の中国などにも陰陽の二元で説く発想がある。善悪二元論とか、光と暗の二元論がどこにもある。そして、これはしばしば実体主義的な二元論になっちゃうけれども、たとえば質料形相論みたいな形で構造的にとらえようとする。あるいは、また、実体－属性という構造を主語－述語という構造とパラレルにおいて、存在と認識との構造的対応性をとらえようとする。それに対して、仏教の場合、構造をとらえてなければ縁起も言えない、と言えばそうなんだけれども、構造的な把握という点が弱いのではないか。分類は非常によくおやりになる。いやになるぐらい分類はおやりになるんだけれども、そしてその分類されたものがまた統一されているということもおっしゃるんだけれども、分類と結合がまだまだ平面的な感じがするんですね。諸分節肢をどういうふうに立体的に、構造的なモメントとしてとらえているのかという点になると、そういう発想が弱いように思うんだけれど、どうなんですかね。

吉田◆いや、構造的な発想というのは、いわゆる縁起論といった系譜を見たら大変なものだと思います。つまり業感縁起だとか、阿頼耶識縁起、法界縁起、六大縁起とかね。特に華厳の事事無礙法界などというのは、理事無礙法界を超出しているわけで、この理事無礙法界というのは、あなたのさっきおっしゃったフェノメナルな世界とエトヴァスとの関係ですね。それが事事無礙法界になっちゃうわけだから、そこで考えられている世界は単に構造的なんてものではなくて、重量無尽の構造だと思うんですが。これを更に立体的に縦横無尽に構築したのが密教ですよね。たとえば曼荼羅▼思想ね。

廣松● 華厳の場合はたしかにそうですよね。第一部でも話題にしましたけど。でもね、たとえば五蘊を分けたり、十二処十八界を分けたり、心理的分析の方面では何百というように細かく分類して議論されるんだけれども、その場合でさえ……。

吉田◆ それはね、結局そこでそういう構造的にとらえるということが固定化されなかったと言ったらいいかな。むしろそういう構造的にとらえるというか、そういう場面に自分を置くという、それを般若の智慧という形で、そういう場面にいつも自分を置いている。だからしいていえば、自由に構造化できる。たとえば唯識の三性説なんか一つの立派な構造的なとらえ方だと思いますけれども、そういう構造的なとらえ方をしていながら、そこに自分を置かないというか、またそれの無性ということを言い出して来て、結局ことばで表現できないような世界に自分自身を置いて行くというふうになっていく。関係にとらわれていたら解脱できないからね。

廣松● 消極的に抜けているということではなくて、積極的な理由があってのことだとは思うんですが、しかし、あえて言わしてもらうとね、ヨーロッパ的な哲学ではフェノメナルな世界を超越する何か実体を立てて、それを立てるが故に超越的なものとフェノメナルなものとの間の関係づけということを議論するから、異質なものを結びつける構造みたいな議論ができる仕掛けになっていると思うんですよ。仏教の場合、超越的な存在を否定しようとするあまり、それを切ってしまう。そのためもあって、フェノメナルな世界の媒介性をいう時には、この世界を要素的に細分化して、それの結合関係はこうなっています、という形での媒介性の説明しかできない。媒介性の説明が、フェノメナルな世界の内部にとどまってしまう。阿頼耶識みたいなものが立てられても、種子だなんだという話のパラダイムは、僕にいわせるとフェノメナルな世界現相の地平内部での関係構造の域を出ない。それ以上を期そうとすると悪しき超越主義になりかねない。事的世界観を言う時には、一歩あやまって錯認してしまえば、形相的な実体と考えられるような、そういうモメントをいっぺん

▼曼荼羅——如来、菩薩などを、幾何学パターンに配置し、仏教の世界観を図示したもの。サンスクリット語で「輪円」あるいは「道場・壇」を表す。近代以降には、欧米の思想界に紹介されユングなどに影響を与えた。

措定して……。

吉田◆仏教の場合、それが空性だから措定できないんだ。措定できると考えるのがまさに錯覚だというわけ。

廣松●だから、依他起性といっても、「他」のあり方が違うんだな。

吉田◆いや、その場合の「他」は依他起性の中での他ではなくて、仏教では円成実性というわけだから、それ程違うとは思わないけれど。

ただ三性説の主眼としては、そういうフェノメノンな世界に固執して行くのが迷いである。つまり依他起性が偏計所執性になっているのが現相世界だから、円成実性の世界に身を置くということが最も大事な問題になっているんですね。ところがヨーロッパ流のやり方で行けば、フェノメノンとそれに対するもの、あるいはその他の関係を追求して行くことによって、両方とも実体化して行くということで主観－客観図式などが出てくるわけですけれども、それを措定する主体はいつでもその措定をはみ出しているということに気がついていない。観測者と観測対象の問題でもそれはいえると思います。

廣松●その点、第一部でも言ったけれども、僕は最後は有の哲学の何かを引きずって無の哲学に徹しきれない。フェノメノンの世界そのものを空即是色ということであとでは認めてくださるけれども、色即是空ということでフェノメノンの世界そのものを消してしまおうという議論は、ソリプシズムよりももっと厳しい世界否定論になるので、そこはどうもついていけないというところがある。関係の第一次性ということを洞察し、関係構造というか、フェノメナルな世界がそのように現相する存立構制をとらえることで空即是色の存立実態を対自化したい、ということなんですがね。

吉田◆それは色即是空と空即是色をきり離して考えるからそういうことになる。この二つは同じことなんだな。世界否定論は世界肯定論になっちゃう。そこがやはり実践の問題なんかとも関係して、仏教的な実践の仕方と、それからそういう構造的に問題を事的な世界観で出して行くというのは、科学的な立場じゃないかなと思うんですね。それをどういうふうに調停するか。

たとえばこれまで仏教者自身は科学というものに対して、その科学の否定的なあり方というのは指摘するけれども、じゃ、積極的にその科学におけるそういう問題提起に対して、仏教的にその構造を明らかにするという姿勢は取っていない。これは仏教者の怠慢ですね。そこまでいくのはなかなか大変だということは認めますけど。

菩薩

「人格」は抽象的な実体ではなく、status and roleに応じて
その都度に「歴史化された自然」をも含む社会的総体的な連関によって規定される場面で、
その都度私のアクト（行動＝演技）としてjemeinigにpart-takeすること、
歴史的・社会的な総体的連関の函数的・機能的な〝項〟として
teil-nehmen（部分を執る＝参与）する具体的・現実的な生の発現Lebens-äußerungであり、
このpersonate, personの特個性が当人の個性にほかならない。
「人間」の即自かつ対自的な実現というモチーフは、唯物史観においては、こうして、
抽象的な〝人間的本質〟とやらの実現とか、それにとって桎梏となっている外的条件の単なる除去ないし
変更とかいった次元の問題としてではなく、まさしく主体的な実践的自己変革の問題と
相即的に〝自己の本質を貫徹する具体的普遍としての類の総体的変革〟、
かのVerhalten-Verhältnisの総体的変革という課題設定として結実したのであった。

廣松●　そこで、科学の話ですが、仏教の場合、錬金術が問題にならないことはわかるけれども、天文学的な興味というのはどうなんですか。実際問題としてはかなりやっているわけでしょう。

吉田◆　それはやっていますね。

廣松●　生活の現場での関心が違うから、いわゆる近代科学的な話にはいかないだろう。それから、一昔前までは生活の現場は洋の東西そう違っていなかったかもしれないけれども、錬金術というような形でのものは別としても、現世的な利益にも一応の関心は寄せたはずで、農業と結びついた天文学的な場面では、いわゆるサイエンスに通じていくようなものもあったはずなんでね。

吉田◆　それは唐代の一行阿闍梨《あじやり》なんていう僧は、大衍暦《だいえん》といってね、大乗暦という意味だけれども、それを中国で作った。これはものすごく正確だったらしい。フランスのアンシクロペディか何かにも出ているという話です。そういう面もあるし、それから現世的には、錬金術じゃないけれども、さまざまな不可思議を現じているわけね。それは実際どの程度のものかわかりませんが。だいたい高僧伝なんかは、摩訶不思議というか不可思議というか。

廣松●　まああれは布教の一つの手段だったんでしょうから、教理そのものにとってはどうでもいいことなんだろうけれどもね。

吉田◆　だけど、仏教的な立場にたてば、教理そのものが甚深微妙で不可思議なんだから、実際にも不思議な現象が出てくるのは不思議ではない（笑）。科学的には説明できないからといって、そういう世界がないわけではない。だいいち水や空気があってわれわれが生きているというのも、考えてみれば大変不思議だ。ベルグソンあたりは科学と哲学をわけて、科学は行動のためのもので、哲学は生命とか動きを直観する形而上学だなんていっているけど、仏教では般若の智慧が行動に踏みこんでこなくては本物ではないというんだな。これを専門用語でいうと根本無分別智に対して清浄後得智という。それでこの後得智が働いてくる場面はフェノメナルなこの世間であって、その目的も世間の利益のためなんですね。

つまり、利他行だけだというわけ。自分がそういう立場に立つと、もうあとは他人を救済することだけが行為の規範になってくる。

廣松● キリスト教なんかだったら、「人はパンのみにて生くるにあらず」とは言っても、やっぱり「パンなくして生くる能はず」という了解があるわけでしょう。その点、仏教の場合パンの方はどういうふうに心配してくれるのかしら。

吉田◆ パンがなきゃだめ。そういうふうに言いますよ。四食《じき》★18といってね。段食（パン）とか思食とか触食《そくじき》とか。廣松さんが喜びそうなことをちゃんと言っている（笑）。

廣松● そうすると、パンの作り方も少しは面倒見てくれたってよさそうなもので……。

吉田◆ それは実際、弘法大師なんていうのは、そういうパン無し仏教をやるだけじゃなくて、それこそパンの……、綜芸種智院《しゅげいしゅちいん》なんていう大学つくったとき衣食住が足らなければ何にもできないんだということでやっている。

廣松● そういう場面での実践ということもあり得るわけじゃない？　救済に比べると非常に次元が低いけれども。

吉田◆ いや次元は同じなんですね。この欲界では、思食が段食より次元が高いなんていっていないもの。だいいち、菩薩の条件というのは、福徳★19と智慧の資糧を積集していくということで、福徳というのは、世間の利益になることをやっていくことなんですね。それも衆生が存在する限り利他行をやっていこうという誓願を立てる。勿論、利他行といったって、具体的にならなければ、ちっともそれは利他行にならないということくらいはわかっているわけです。

廣松●　温泉を掘り当ててみせたり、橋を架けてやったりするわけだよね。

吉田◆　そういうことですね。それしかないということになれば、それをやればいいんだけれども、なかなかそこまでいかないものだから。

廣松●　それに関連して聞いておきたいんだけれども、仏教の場合、世俗の共同体と個人との関係というのはどう考えられているんだろう。というのは、アリストテレスだトマス・アクィナスだって言わなくても、ヨーロッパでは古代にせよ中世にせよ、基本的には人間はポリス的な動物として了解されているわけですわね。共同体を離れて単独には存在できない。

★18——段食、触食、思食(思考・意志作用のこと)、識食(六識のこと、六識が働いて人間の身体や生命を維持発展させるので食という)。
★19——布施、持戒、忍辱(にんにく)、精進、禅定の五つの徳目吉田◆　人間存在とはこういうものとして了解されていた。それに対して、近代になって社会契約論みたいなものが出て来て、個人こそが自立的な実体だというような考え方が出て来る。そういうヨーロッパでの個人と共同体との関係についての考え方を一方の軸に置いて対比的に考えてみた場合に、仏教では個人と共同体の関係というのはどうなんだろうなあ。

廣松●　一般的には共業不共業《ぐうごう》★20といった考え方がありますね。それから特殊にはサンガという……。

吉田◆　でも、サンガの場合には一人一人で自覚して、出家した信徒の共同体でしょう。世俗の日常の共同体じゃない。

廣松●　そうですね。サンガというのは僧という意味になっています。和合衆。その成立条件は、仏と法と僧とに帰依することです。

吉田◆　キリスト教でいうと原始教団にあたるような。

廣松●　ゲマインデあるいはゲマインシャフト。サンガというのはそこで法《ダルマ》が生きて行く場所というふうに考えて、一般の世俗の社会と区別して考えていますね。同時に、そこから出家ということが起ってくる。

吉田◆　同じ仏教といっても、こういうことになると時代によって、地域によって違うと思うけれども、原始仏教の場合には世俗の共同体のしがらみから離れて出家する。出家した連中がサンガという共同体、信徒共同体をつくる。その信徒共同体というのは、これこそが理想のコンミューンとは言わないけれども、さしあたり現世の枠の中で言えば、理想的な共同体だよね。そのかぎりでは、言ってみれば、人々が全部出家することによって理想の共同体に結集しようという形だと思うんだけれども、ここで大きな矛盾だと思うのは、出家していない連中、在家の連中がいなければサンガの生活は成立たないわけでしょう。

吉田◆そうです。

廣松●ユダヤ・キリスト教の場合には、そういう共同体が、できることなら自分自身で生産活動もやって、自給自足でやって行く。だから、コミュニズムになって行くわけね。初期の修道院にしたって、今卑俗な格好でキブツ▼としてイスラエルに残っているものにしたって、

★20——万人に共通な、万人に一様に現われる業。また万人が共通してつくる善悪の業。その結果として、苦楽の果報を感ずることがまた共通である。

▼キブツ——イスラエルの集産主義的共同体。二十世紀初頭のシオニズム運動に端を発して、イスラエル各地につくられた。私有財産の禁止や徹底した平等主義などで知られており、衣食住はすべてキブツによって賄われていた。一時期はイスラエルの農業生産の七割を賄っていた。八〇年代以降は工業も導入され、少しずつその性格を変えつつ現在に至る。ユートピア的社会実験であったとともに、パレスチナ抗争においてイスラエル国家の尖兵的役割を果たすこともあった。

要するに自給自足的な生産を含めた生活共同体をつくって行こうという思想が、ヘブライズムにはある。そういう自給自足的生産の思想という面がどうも仏教の場合にはなさそうで、喜捨してくれる在家の信徒ないしシンパがいないことにはサンガが成立しない。だから、地上的世界で万人をサンガという信徒共同体、理想的共同体に結集するような社会構造にしようというコミュニズムはそこからは出てない。政治と結びつく時には別の形をとる。

吉田◆そこには大きな転換があるわけですよ。つまり小乗仏教から大乗仏教に移った時に。菩薩というのはもともと上座部という、小乗仏教のアビダルマのああいう出家集団を離れて、そうじゃない在家の人間が仏教を信じて行動して行く、そういう人間が出て来るわけですから、そこには大きな転換があるわけですね。釈迦がそういう教団をサンガとして、出家という形態を取って、乞食というか托鉢というか、そういう形で仏教教団が生命をつないで行ったという背景には、一つはインドの四住期といった考え方がある。

最初は世間的な活動をして、それから出家をしていろんな先生のところを回って勉強する。たとえば四住期の第二番目の家住期という時には家で妻子を持って経済活動をする。それがある程度まで行くと出家をして、それから林住期といって林の中で瞑想したりなんかする。最後は諸国を遊行していろいろ法を説いて回る。そういう四段階があった。この場合婆羅門でなくて沙門ですけれども、そういう沙門の生活というのは、本来、経済活動をしている家住期にある人たちの供養、布施というもので成立っていた。しかし、それはいろいろ仏教教団の中でも問題になってきて、みんなそんな出家しちゃったら誰が養うんだという問題が出て来る。それから釈迦が、畠を耕やすということにだっていろいろある。心の畠を耕やすということもある。という形で説法する場面がありますよ。

廣松●そういう点でね、この地上の生活というのはどうでもいいと言ってしまえばそれきりだけれども、現世の生活に執着している救いのない人間の立場からいうと、やっぱりこの地上でのコンミューン的な生活というか、地上の枠の中での理想的な生活をどう保証して行くかという場面で、ソーシャリズムというかコミュニズムとははっきり分かれざるを得ない。僕なんか、マルキシズムというかコミュニズムの立場ということで——哲学としての仏教哲学、とりわけ大乗の存在論には脱帽しながらも——地上的な済度の次元では、だめだろうということになる。尤も地上的な場面の話では、仏教でも高度産業社会を経た新しいコンミューン主義を掲げる余地がいくらでもあるとは思いますけどね。

吉田◆悟りの問題は地上を離れると離れっぱなしでいるように思っているから、そういう議論が出てくる。神と人間を絶対的に分けて考えるキリスト教の場合は、あなたのような議論も成り立つけれど、仏教は仏と人間をキリスト教みたいな形では考えていないですよね。人間が仏になったんだし、それと同じで、地上の国が仏の国になるには別に最後の審判をまたなくてもよい。勿論その場合、原始仏教教団のあり方と菩薩教団のあり方というのはまた違ってくると思うし、菩薩教団の場合には、前に言った空観というか、人法二無我というか、あるいは唯識観のような立場で、不住涅槃とか不著生死とかいうことを言い出して、出家在家は関係ない。そうなると、現世における煩悩を否定しちゃうんじゃないわけです。むしろその煩悩があればあるほど、それが転換された位置においては宝になってくるという言い方で、仏教の教えは現世においてあらわになってくるということが目ざされているわけで。

廣松● でも、最後は、各人が悟りを開いちゃえば、出家であろうと在家であろうとそれでメデタシ、メデタシというわけだろう。それはサンガという形で結集してやろうと、パンにまみれながらやろうと、そういう次元は一番の本質的なことじゃない。

吉田◆ いやいや、それは悟りを開いていれば本質的になるわけよ。というよりその両者が結合することになる。逆に言えば、コミュニズムというのは、生産手段の私有を廃止しようっていうけど、我の問題はどうなるんだろう。仏教の場合は我があるから我所（所有）があるわけで、我がなければ我所もないという仕組みになっている。人間というのは社会的諸関係の総体だというんでは、所有の問題がうまく説明できないような気がするんだな。

廣松● いや、所有というのは何も人間と物との直接的な関係ではなく、人間関係が軸ですから。財産といっても、社会関係の反照的結節における対物関係なんでね。私有財産の廃止というのは、まさに社会的関係のあり方の変更でしかありえない。悟りの立場にとってみれば、地上的実生活の場でコンミューンをつくろうと、奴隷制社会であろうと、そんなことはどうでもよろしいと言われるかもしれないけど。

吉田◆ だからそこがキリスト教と違うところでね。尤も仏教の場合でも、王法《おうぼう》▼というか、王法にいかにとらえられないですむかということは、いつも問題になったんですよ。

▼王法——仏法に対して、世俗の法律や政治のことを指す。主として日本中世において用いられた概念。古代国家解体後の中世日本において、王法は天皇を頂点とする政治秩序を、仏法は個々の寺院とそこで主張される教法を意味した。十二世紀に説かれた王法仏法相依論では、王法と仏法が相互に依存しあう関係であることが論じられた。

廣松●　だからやっぱり「カエサルのものはカエサルに」というわけで。

吉田◆　いや、王法という場合は、神とカエサルみたいな二元対立の一つではなくて、泥棒や人殺しに会わないということと同じ次元で、王法にとらえられないようにといわれているわけだから、どうも一寸違うのではないか。まあ、悟りを開く前に公務員なんかになって王法にとらえられちゃうとまずいという意味かな（笑）。

廣松●　王法を打ちこわさないことには悟りが開けないということになると、少し革命的になるんだけれども、どうもそれは措いちゃっているみたいだね。

吉田◆　たしかにそれはそうだ。しかし、王法を打ちこわしてもまたすぐ王法が出てくるのはミエミエだからね。

廣松●　いや、そういう次元での物象化が生じないような社会的関係態を形成することが課題だし、それはさしあたり国家権力の廃止ならざる「国家の死滅」の問題になる。ではそういう条件をみたす社会関係の在り方とはどういう仕組みになっているのかを解明するのが科学的社会主義というかマルクス主義の理論なんですがね、偏計所執性ではないけれど、王法にかぎらず政治的・社会的・経済的な物象化がどういう社会関係のもとで、どういう歴史的条件のゆえに生じるのか、それの分析を具体的にやってみせるのがマルクス主義の社会科学的次元での仕事なんです。しかし、仏教哲学そのものにとってみれば、そういった社会構造の学問的分析とか、地上のコンミューンとかいうことは副次的なことがらかもしれないので、それは措くとして、仏教特有の弁証法の話を承ることにしましょう。

弁証法／空性

吉田◆事的世界観の弁証法に対しては三性説ということで、ぴったりするかと思うんだけれども。さらにもっと抽象化して出すとすれば縁起の問題になると思うんですね。縁起としてものをとらえるというか。それはいつも言っているように、縁起というのは、たとえば増上縁、増上果なんていうのは、われわれがここにいる、それは出版社から呼出しがあったということで来たわけですよね。だけど、もし僕がおなかが痛くなったら来れなくなった。そこで、この話もなかった。要するになかったということも含めて、ここにいるわれわれのあり方が縁起として考えられているわけですね。

関係というのを、単にそれがどうしても出て来なきゃならない関係でなくて、それが出て来ない、関係がなかったということも含めるという形で非常に広くとらえて行く。さらにそういう関係性として個物を見れば、それは関係性の中にあるから、それ自身としては無自性であるというふうにして、縁起というのが成立するのは空性において成立するという形で言っている。ところが、たとえば弁証法というような形で言う場合には、やはり関係の二項、あるいはその何項でもいいですけれども、そういうものを挙げて来て、そしてそれを詳細に分析するというような形での関係の規定をするのが、むしろヘーゲルやマルクスなんかのやり方じゃないか。もちろんそこで実体化というのは避けられているけれども。

しかし、そこには、たとえばマルキシズムにおけるような労働といったとらえ方が根底にあるとか、あるいは社会的存在とか、あるいは共同主観的な、そういう形でとらえて行くという項があると思う。仏教の場合、そういう項というものを特に措定しない。いつもそういうふうに措定するのがわからないわけじゃない。措定するということをいうその有意味性をわからないわけじゃないけれども、それを措定することによってそれが固定的にとらえられて、そして執着になっていくという、そこのところでいつもそれを離れて行くということが根本にある、という形で動いているんじゃないかと思うんですけどね。

廣松●　弁証法と言う時、弁証法的な存在観の次元と、あえて言えばメトドロギー（方法論）の次元とをいったん分けて考えたいんです。存在観ということで言っていく限りは、たとえば弁証法の三法則と言われる時の、対立物の相互浸透にしても、あるいは量より質への転化にしても、実体主義にこだわっていたら、対立物は浸透しないし、ある質が別の質に転化することはあり得ない。だから、対立物の浸透とか、量より質への転化とか、こういうことは、実体主義をしりぞける境地においてしか言えないわけですね。ヘーゲルは実体即主体という大きな実体主義を残しておりながら、実際の具体的な存在観の場面では、例えば本質論でのあの「照映」という存在把握は依他起性であり、まさに、異体同体の相即相入にほかならないわけで、非常に関係主義的なものの考え方をしている。また、彼の全体性の思想は汎神論的であるにしても円成実性に近いものといえる。そして、それはマルクスでも承け継がれていると思うんです。僕の考えかたが三性説に近いところがあるといっても、それは仏教哲学の知識から来たものではなく、ヘーゲル－マルクスから来ているんですね。

ところで、弁証法の三法則の一つと言われる、否定の否定の問題、これはちょっと扱いがむずかしくなってくる。弁証法をあの三法則ということでとらえきれるとは思わないんですが、仮りに妥協して言うと、否定の否定の局面というのは、仏教哲学でもいろんな場面に出てくると思うんです。特に或る理論体系というか、ある理論的な了解事項について、それを否定して、さらに、その否定をも否定する。この否定の否定が、トリレンマなのか、じつはカトリレンマになるのか、いろんな議論があったりするので、単純に否定の否定ということにはならず、仏教哲学では否定と肯定との関係が、もうちょっと複雑だと思うけれども、しかしとにかく否定の否定という構制が仏教哲学にもある。存在論的な次元での否定の否定というのは、何も対象から分断された主観の働きじゃない。存在そのもののあり方において否定の否定によるアウフヘーベンということが問題になり得るし、ヘーゲル、マルクスの場合にはそうですわね。その点仏教の場合にはどうなんだろう。否定の否定みたいなことが、認識−存在そのものの構造として考えられているという面はあるのかしら。

吉田◆ウーン、存在そのものの構造ねえ。それは認識とかメトドロギーを離れてはあり得ないと見ているから。

廣松●存在そのものの構造と言わずに、場合によっては歴史的な展開の構造と言ってもいいですがね、仏教哲学では、歴史的な展開の場面でさえ、そのことはあまり言わないんじゃないか、という印象を持つんだけれども。

吉田◆それはそうですね。スタティックでも歴史的でも存在の構造をたとえ構築しても、いつでもそれを超えていこうとする。しかし構築しないわけではない。アビダルマなんかその良い例でしょう。ところが大乗仏教になると、そういう法の構築自体を否定し、更にその否定にとらわれることも離れるという。たとえば法空は法が空であると説くわけだけど、その法空説にとらわれるとそれは空にとらわれている空執である。それも否定するというふうな形では言いますがね。

廣松● 認識の場面と存在の場面とを振り分けるのはおかしいと言えばそうなんだけれども、仏教哲学で否定性ということを問題にしている場面が、どちらかというと認識の場面でというか、世界に対する態度の取り方の場面になっているのではないか。個別的な存在そのものの構造ということはどうも問題にならない。これは必ずしも悪い意味で言っているんじゃないんで、存在の構造の中に否定の否定を持ち込むのは一種の物象化だという了解があってのことかもしれないという思いがあっておたずねしてるんですがね。

しかし、平俗な意味での物象化の次元ではなく、しいてカント的なタームを使えば、先験的な構成というか、そういう次元で否定性ということが介在して、現象世界においては対象構造として否定とか、否定の否定とかが現われてくるということがあるんじゃないだろうか。もうちょっと角度を変えて、無知の特権を発揮して勝手な印象を言わせてもらうと、存在論的な次元と認識論的な次元との相互媒介性ということについて、仏教哲学の場合、あまり突っ込みがなされていないんじゃないかということなんですがね。

吉田◆結局それは項を立てないということとも関連すると思うんです。逆に言うと、共同主観というのが出て来た場合に、私的な主観がどうなるか、それと共同主観がどういうふうに関係してくるか。もしそれを立てた場合に、一体個人の認識の転換ということが起るとすれば、その場面ではどう説明するか、ということとも関係してくる。

廣松●なるほど。カントみたいな、現象世界を構成するという式のね——ぼくとしてはフェノメナルな世界の被媒介的な存在機制をいうとき、先験的構成主義をとるわけではないんだけれど——これをたとえば根元的な意識、阿頼耶識と言わず、何とか意識でもいいんだけれども、何かそういうものがあって現象世界を構成しているという言い方をしたうえで、しかし、それはあくまで主観が構成したものであるから云々。そういう仕掛けでの展開というのは傍系の議論なのかもしれない。

吉田◆ええ。傍系です。

廣松●仏教の主流には、そういう発想はなさそうですね。

吉田◆ですから、たとえばチベットの仏教なんかは、むしろそういう唯識説というのは否定されるわけです。むしろ中観の立場が強調されるし、まあ空海の場合でもそうです。唯識は中観の前だから。

廣松●　なるほど。ヘーゲルの歴史哲学と同じように順番が入れかわるわけね。

学の体系／如来蔵

廣松●　先程、僕は弁証法という時、存在観の場面と方法論の場面をいったん分けたいと言ったわけですが、仏教の場合は体系のつくり方というかな……議論はどうでもいい、悟ればいいと言っちゃえばそれきりなんですけど、ジステマティークというか、体系構成ということについてはあまり重要視しないと思うけれども、この方面はどうなんだろう。この場面で弁証法というものが出てくる所以だけれども、僕は体系構成というのは基本的に言って二つのタイプしかないと思う。一つはフェノメナルな場面というか、日常的な場面から出発して、最も原理的と思われるところまでさかのぼって行き、そこからもう一回降ってくるという行き方。プラトンでいうと、上昇して行って善のイデアまで行って、そこからまた降ってくるというあの方法。もう一つは善のイデアにあたるところから——それは場合によっては公理体系でも根元的真理でもいいんですけれども——そこから降りてくる行き方。たとえばアリストテレスのアポデイクティケー。マルクスは下向法と上向法に分ける。下向法というのは、言ってみれば善のイデアまで行くプロセスで、上向法というのは善のイデアから具体的な場面に降ってくる途行ですよね。ヘーゲルの弁証法の場合も『精神現象学』を体系のうちに入れて考えれば、上昇・下降になっていると思う。方法論として見た場合に、具体的な場面から原理的なところに登って行くプロセスを重視するか、それとも原理から降って行くところを重視するか、ジステマティークとしてはそこが大切だと思うんですね。その点、仏教哲学の場合は根本原理のところから演繹的に議論をおこすという手法は……。

吉田◆　それは自性清浄心という説はありますね。これは如来蔵思想▼。これは非常に大きな影響を与えていますけど、それは唯識や中観とは違った形態として考えられているわけです。華厳なんかもこれと関係している。自性清浄心とか仏性というのは、別のことばで言えば実相と言ってもいいし、真如と言ってもいいんですが、その自性清浄心は本来各人にあるという立場を取るわけですね。だけど、それは蔽われているんだ。人間が迷ったり煩悩の苦の生活をしているというのは、それが蔽われているからだ。だけど、蔽っているのはお客さんみたいなもので(客塵煩悩)、本来的なものじゃないと考えて、その自性清浄心を自分自身において体得して行くという、そういう言い方をしますね。

廣松● その場合、人間というのはもともとは、今の人間界よりももうちょっといい世界にいた。魂はそこにあったんだけれども、それが今人間界に下りて来ている。人間から畜生界に落ちたりするのと同じように。だから云々。そういう背景はない？

吉田◆ そうじゃない。三界▼という考えがあるでしょう。欲界、色界、無色界。だいたい、無色界あるいは色界が天の世界ですよ。欲界はこの世界で。ところが、三界を超えちゃうわけですね。仏教の場合。三界というのは輪廻の世界。それは無常というのがそこで支配している世界。それを超えちゃうというのが、輪廻を超えるということ、解脱ということなん

▼如来蔵思想——大乗仏教の主要な思想であり、煩悩にまみれた人間にも、如来（仏）としての性質が隠されているという考え方。すべての衆生に悟りに至る可能性が備わっているとされる。その本来的な心の状態を特に自性清浄心と呼ぶ。この自性清浄心が衆生に菩提心を起こさせ、悟りに向かわせるとされる。

▼三界——衆生が輪廻して生死を繰り返す、欲界、色界、無色界のこと。地獄・餓鬼・畜生・修羅・人・天の六道は最下層の欲界に含まれる。

ですね。

廣松● その場合の、本来人間はこうだったはずだという、その本来というやつはどこにいたんだろう。

吉田◆ どこにいた……？　三界を超えたところにいるんでしょうな。

廣松● しかし、それは超えるとはいっても、空間的に超えているわけじゃなくて、その三界を超えたところというのは三界の中にあるんじゃない、しいて言えば？

吉田◆ それはそう。

廣松● 卑俗な神話的な形態になると、もともとは神に近い存在だったのが肉体に宿って、という説明の仕方になるけれども、仏教の場合には今言われた議論のタイプの場合でも、そうではないわけですね。もうちょっとスマートなわけね。

吉田◆ スマートというか、内在と超越が同時なんですね。それがどこで結びついているかというと心です。自性清浄心。自己の心が本来清浄なることを悟るという。そうすると自己の心もなくなっちゃう。絶対的－超越的な神観念というのはいつでも否定されています。だいたい神が常住不滅というのは、仏教からみたらおかしいわけですからね。だから、天界の、色界でも無色界でも変遷して行くわけですよ。天人五衰みたいな、三島由紀夫の。天人でさえ口が酸くなったり、老醜になったり、死ぬわけですからね。つまりそれは生まれたから死ぬわけでね。だから、ただ自分だけがつくるという絶対的な創造主みたいなものはたてない。なぜ創造主が他のものによってつくられたということを言わないのか。つくるものはつくられるというふうに、論理的に考えちゃうわけでしょう。

廣松● そうすると如来蔵の場合には一番原理的なものは各人がアプリオリに持っているわけだね。蔽われているけど。プラトンの場合だったら、アナムネーシス▼で、蔽われているやつを取り去って行けば全部思い出してくるという仕掛けになるんだと思うけれども、如来蔵の場合には、各人が無自覚のうちに持っている一番原理的なものを自覚させる。そのことによってまず原理が自覚されて、原理からスタートしてもろもろの事柄を体系的に理論化できる。そういう仕掛けになっているわけね。

▼アナムネーシス——プラトンの想起説。人間が知るということはイデア界ですでに知っていたものを想起することであり、それによって先在する真理を論理的な根拠づけによって構成された知識へと定着させるのだという説。このことは「魂の不死」の根拠となり、デカルトやライプニッツらの近代哲学の出発点となった。

吉田◆　そうですね。しかしアナムネーシスの場合は有るものにたどりつくんだろうけど、自性清浄心の場合は空性にたどりつくんですね。あるいは空のまた空といってもいい。だから原理からスタートするといっても、そういう原理があるわけではない。むしろそういう原理が無いからこそ、ジステマティーレンも可能だという仕組みになっている。しかし別にジステマティーレンしなくても、自性清浄心というのは如実知見といってね。ものごとがありのままに見えちゃうわけだから。

廣松●　しかし、それは傍系的な一つの流派であって、全体としては何かもうちょっと日常的な場面から、原理のところに昇って行って……。プラトンの場合、善のイデアまで行ってまた下りて来るけれども、仏教の場合、降りて来る必要はないのか。善のイデアにあたるやつまで登りつめたら。

吉田◆　昇りつめたら、降りたと同じことになっちゃう。

廣松●　ああ、そうか。そこがまた空即是色で。空観に達したら……。

吉田◆　その時は悟りも迷いもないわけだからね。

廣松●　ウーン、柳は緑になっちゃうんだ（笑）。スーッと昇って行ったら、とたんに落ちちゃうわけだ。

吉田◆　昇るということは落ちているということなんだな、言ってみれば。つまり修行ということが、ある目的に対して向かって行くのではなくて、修行して行くことが悟りである。

廣松●　ただ、その場合、昇りつめて行くというのが、単なる理屈で昇りつめて行くのでなくて、修行的な意味での実践によって、昇りつめて行く。他人を救うということをある程度のところでやらないと、菩薩さんといえどもなま悟りの菩薩さんで。なま悟りは悪いけれども。

吉田◆　菩薩というのは他人を救うためにある。救うということが菩薩の本質です。自分は救われなくていいという誓願を立てる。つまり一切衆生が救われなければ自分は救われない、という誓願を立てるのが菩薩なんだ。

廣松●　先憂後楽というやつだな（笑）。

吉田◆　これは自未度先度他ということですね。自分はいまだ度せざるに、まず他を度す。というのは、悟りというのは本来個人的なものじゃないと考えているわけ。全体が悟らなければほんとうの悟りはないと。

廣松●　悟りというのは、共同主観的＝共同主体的な「我としての我々＝我々としての我」という在り方が即且対自的になっている場でしか実現しえないということですね。そのためには共産主義的なコンミューンが社会的必要条件になると言いたいんだけれど、話をむしかかえすのは止しましょう。じゃ、あなたが締めをやって下さい。

吉田◆ 締めないのが仏教なんだよ（笑）。

廣松● そうか、こいつあ、シマッタ！（笑）。

今日いわれるところの科学の危機が、その根源を実体主義においているのではないか、ということが既に指摘された。

それではこの実体主義は何によって生じたのか、また実体主義を払拭したとして科学そのものはいかに位置づけられるのであろうか。

かかるプロブレマティークに対して仏教哲学はいかなる解答を与えうるか、これがこの〈あとがき〉で論じたい事柄である。

これらの事柄については、既に本論で解答が与えられているから、再びこれを論ずる必要はないと思われるかも知れない。しかし、それにも拘わらずあえてここで再び論ずる所以は、第一に、本論は対話あるいは討論であって、いわば問題の提起とその解答のプロセスに興味が置かれるのに対し、ここではむしろ討論の終了した段階でその全体を俯瞰し、問題とその解答を再構成したいからであり、第二に、本論では論じつくされなかった事柄、あるいは話題にならなかったが、当の事柄の解明にとって必要な二、三の論題があるからである。

それ故、〈あとがき〉で目次をたてるのもおかしいが、理解の便に供する意味でこれを次のようにわけてみたい。

一、実体主義とキリスト教
二、ベルグソンの直観と般若
三、仏教における存在論と認識論
四、科学と仏教

一、実体主義とキリスト教

主観－客観の二元論や、その止揚としての絶対的観念論、あるいはその対立である唯物論等の根抵に、実体としての存在——物質存在であれ精神存在であれ——が前提されていたこと。更に実体主義に対する反省あるいは批判としての感覚要素主義、関係主義、構造主義も、常一主宰の我(自性)の否定にまではいっていないことが、前の討論で指摘された。

他方、現代科学の最先端をいく素粒子論の分野では、素粒子という物質の根源的な形態が常・一・主宰という規定を離れているとされ、あるいは分子生物学においてはＤＮＡに三十億年の地球の歴史がつめこまれているという学説が出現している。

それ故、このような現代科学の提出している諸学説は、従来の西洋哲学の枠組から外れるものであり、あるいはその枠組そのものを打ち壊してしまう鬼子であること、そこに東洋思想、特に仏教の無自性の哲学が再考される所以があると指摘されたのである。

そこでここでは、西洋哲学の行きづまりに対して、直接、仏教を対置するのではなく、むしろその行きづまりの根源をなすと思われる実体主義はどこに淵源しているか、を探ってみたい。

仏教の立場からいえば、実体主義というのは、人間の無始時来の宿業によるのであって、この宿業は無明によっているから、実体主義の生起する根源は無明だということになる。それ故、実体主義というのは我々が無明のうちにある間は無くならないということになるが、ヨーロッパの精神的伝統を歴史的、社会的に観察すると、実体主義の最も強力な砦はキリスト教であったということが出来る。というのは神の存在は合理的であろうと非合理的であろうと、存在するもの、有るものとして厳然と超越的にあったからである。それと同時に人間と世界とは神の被造物としてあったのであり、神の無は考えられないのと同じ位に自己の無自性も考えられなかったということが出来る。

ところで、近代から現代に至るヨーロッパの思想史は、神を棚上げすることであり、神にかわって人間が世界を支配することであった。そしてその時、神の存在は否定されるか保留されるかであったが、いずれにしても神が保持していた赫々たる栄光は、人間が担うことになった。即ち人間が世界を支配したのである。

この支配権の転換の際、見逃してはならない二つのことがある。その一つは人間の世界支配の道具は科学であったということ、もう一つは物質と精神のいずれか一方、あるいはその両者の実体主義は当然の前提であったということである。

それ故、西洋における無神論は、おおむね、実体主義の否定ではなく、神にかわる人間とか、精神とか物質といった新たな実体の定立である。マルクスのいう物象化的倒錯の理論は、実体主義を否定する唯一の有力な理論であるが、その理論そのものは物象化的倒錯とどうかかわるのかは必ずしも明らかではない。

他方、人間の世界支配の道具である科学であるが、科学の本質は、自然、社会、人文の一切の対象を客観的に分析し、綜合し、実験によって検証すること等であり、換言すれば、対象となるかぎりの一切の対象を、あるがままに認識し、この認識を人間行動の有用性のために用いることである。

それ故、科学そのものは、物質の実体主義といった立場から出発しながら、ありのままの追求によって、物質の実体主義そのものをも否定する方向に進んだ。そしてこれが現代科学の成果であるが、現状は科学自身が自分の到達した地点をフュア・ジッヒなものにしていないということである。

しかしこのような現象は、西洋社会におけるキリスト教的伝統と、その伝統からの背反が、実体主義という前提の中で動いていることと密接に連関しているのである。

二、ベルグソンの直観と般若

仏教における実体主義の否定としての、仏教認識論の問題を論ずる前に、仏教認識論の根本問題である般若(智慧)について、これをベルグソンの直観との関係で論じておきたい。

ところでその前に、主観−客観図式の止揚というか、ヘーゲル的な解決を考えてみると、ヘーゲルはこれを『精神現象学』で果している。つまり、意識が意識の対象性そのものを止揚するという形で。これで『精神現象学』におけるフュア・ウンスという夾雑物はなくなり、意識は安んじて絶対精神として自己展開する。しかも絶対精神の内容というのは対象的意識が既に経験した事柄であって、その意味では上昇と下降がベクトルこそ違え、同一であるという仕組になっている。これに比べるとマルクスの『資本論』は商品生産の自己運動で、これは記述の形式として下降する運動であろう。

ところでベルグソンを論ずるのに、ヘーゲルとマルクスを引き合いに出したのは、意識の対象性の止揚ということに関してで、つまり、ベルグソンは周知のように二つの時間を区別して、流れた時間に対する科学的認識と、流れる時間に対する直観という対応を考えた。その際、科学的認識の性格として、相対知あるいは対象知であるということと、尺度あるいは記号を必要とするとし、これに対して直観とは対象と直接的に合一すること、尺度としての記号を必要としないということを対置した。従ってこの相対知と直観の立場をさきのヘーゲルの対象的意識と絶対精神の立場と比べると、ベルグソンの立場からいえば、対象的意識が意識の対象性を止揚する場合には直観になるので、絶対精神などというものになるのではない。二つの時間ということに関していえば、対象的意識も絶対精神も流れた時間を対象としているのであって、流れる時間を内側から直観しているのではないということになる。これはフォイエルバッハが、ヘーゲル哲学で歴史は終焉したと批判したことや、キェルケゴールの掘立小屋に住んでいるヘーゲルといった揶揄とも一脈通ずるところがある。勿論、ヘーゲルも抽象的思惟から直観へ移行するわけだけれどもこれはマルクスの批判で十分であろう。

そこで、物心二元論というのは主観–客観図式というスマートで機能的な形になり、結局これはヘーゲルの弁証法哲学で意識の一元論として終極を迎えた。このヘーゲル哲学の批判ということで、今いったベルグソンに通ずるような批判の系列があり、もう一つはマルクス・エンゲルスによる弁証法的唯物論による批判がある。

ここではベルグソンの哲学と仏教の差異と同一性について考察すると、まず類同している面からいうと、前述した相対知と直観の問題である。仏教でいうと、これは分別知と般若の智慧との関係に対応する。即ちベルグソンの場合相対知と直観の対象は、流れた時間あるいは空間、量的なものと流れる時間、質的なもので、流れる時間を対象とする直観というのは、実は流れる時間そのものと直接的に合一することだから、それは共感であり、見るということは行うということであるということになっている。これは般若の智慧の場合も同様で、分別知あるいは対象知が無いものを有るとあるいは有るものを無いと固定的に捉えてそれに執われるのに対して対象そのものに成るとか、見るということが同時に成るということだという点、分別知から般若への質的な転換が説かれている点で類同している。第二に、ベルグソンの場合、相対知は尺度、言葉を用い、直観はこれを放棄しているといわれるが、仏教の場合も分別知は名句文で分別するわけで、般若の智慧は言葉を離れている、あるいは分別を離れている――無分別智である。

第三にベルグソンは日常的意識と科学的認識を同列において相対知とし、これを直観に対置するが、仏教の場合の分別知もその構造からいうと、日常的意識と科学的認識は同列になるとみてよい。勿論、この場合、一でみたように科学的意識がありのままの認識という自覚のもとにあるとすれば、日常的意識とは区別されなければならないが。

こうみてくるとベルグソンの直観の哲学と仏教の般若の智慧というのは、基本的には同じように見えるが、それでは違いはないのかというと、次のような点で違いがあると思う。勿論、その場合、長い間かかって歴史的に形成された仏教の思想とベルグソン哲学との比較上の差異というのではなくて、ここでは分別知と直観の場合に限っての話であるが、まず総体的にみると、ベルグソンは流れた時間と流れる時間を区別するが、龍樹の『中論』などでも問題になっているように、流れた時間とか流れる時間といったものがあるかという問題がある。つまり不来不去というあの論証であるが、しかしそれをいってしまうとあとは一歩も進まないので、ここでは流れる時間が言葉の領域を離れているという規定によって、これをそのまま認めるとして、仏教では諸行無常ということが存在論あるいは時間論の根柢にある。諸行無常というのはベルグソンの時間論でいえば、流れる時間であろうが、仏教の場合、この流れる時間としての諸行無常は一切皆苦の原因だという。ところが日常的意識あるいは対象的意識は、この流れる時間を流れた時間として把握し、その把握の根源的なものが常一主宰の我である。それ故、諸行無常が一切皆苦の原因であるという場合には、我我所に執着するという縁と共働することによって一切皆苦になってくる。だからベルグソン流にいえば、流れる時間を流れた時間として虚妄分別するから一切皆苦になってくるということになる。それ故、涅槃寂静というのは、流れる時間を流れた時間とせずに（諸法無我）、流れる時間そのものの中に入ること、あるいは法の流れに入ることということになる。その場合、分別知の立場が超えられて般若の智慧が生じていると考えられる。

それでこれを項目別に区別してみると、まず第一に、ベルグソンの場合、相対知と直観は並列的、同価値的になっているが、仏教の場合は立体的、異価値的になっており、更に両者の関係（二而不二性）が問われている。第二に、ベルグソンの場合、時間と存在の関係は明確ではないが、仏教の場合、諸行無常という形で最初から結合して説かれている。第三に第一の相異点とも関係するが、直観は根本無分別智と対応するが、清浄後得智に対応する働きがベルグソンの場合、考えられていない。しかし仏教の場合、この後得智が利他行として日常的意識や科学的認識の転換に働きかけるのである。(エラン・ヴィタール、あるいはエラン・ダモールはあるいは仏教の清浄後得智に対応するかも知れない。しかし、これらは仏教の場合のように、識の転換から必然的に導きだされたものではない。)第四に、仏教の場合、分別智から無分別智へ転換する方法の体系が種々考案され、実践的に試みられているが、ベルグソン哲学の場合は、両者の同価値性の立場からして、このような方法の体系は存在しない。第五に、この方法の体系は、禅定、無意識、諸法無我あるいは空性、三性三無性説、転識得恵といった事柄とかかわってくるが、勿論、ベルグソン哲学にそのような問題の提起は存在しない。

三、仏教における存在論と認識論

仏教においては、存在論と認識論の相互媒介性、あるいは存在の構造が明確ではない、ということが論ぜられた。

このような仏教思想に対して、ヨーロッパ思想ではフェノメノンに対してヌーメノンが立てられるという基本的な二元的構造の上に、フェノメノンの世界の構造あるいはヌーメノンの世界の構造が論議されるという規制になっているということ。更にこの二元主義が存立している実体主義をいかに払拭するかという方向において、ヘーゲル、マルクス等、あるいは廣松哲学の四肢構造的把握が論ぜられた。

そこで、ここでは、仏教において存在論と認識論とがいかにかかわるかということについて考察をめぐらしたい。

仏教はもともと仏陀の悟りという事実から出発しているのであるから、存在の構造を問うとか存在者の存在を問うといった存在論的問題構制は立てられなかったように見える。悟りというのはいわば人間認識の宿業的な無明性――これはこれまでの議論からいえば、実体主義あるいは、実体化への傾向といってもよいが――の転換であるから、存在論か認識論かというわけ方でいえば、むしろ認識論であるということが出来る。

しかし、前にも述べたように認識論が存在論と切り離せない理由は、認識の転換という場合、そこでは認識存在が問題になっているからであり、更にこの認識存在の転換が問題になっているからである。それ故、この転換においては認識―存在の相互媒介性が完成しているのであって、あるかぎりのものがあるがままに顕われてくるという仕組みになっているのである。換言すれば、存在論と認識論は切り離されて論ぜられるのではなく、存在論的認識論＝認識論的存在論が成立することになるであろう。

しかし若しかかるものが成立するとしても、我々にとって問題になるのは、さしあたっては悟りあるいは転換である。そして仏教思想の歴史は、この悟りあるいは転換をいかに獲得するかという理論と実践の歴史であるから、その意味では認識論的問題に視点が集中し、存在論的問題は認識論のふるいをかけられてのみ問題になり得た、あるいはむしろ存在論の存在すら忘れられてしまったこともある。

ここで仏教思想の歴史をふりかえってみると、五蘊説は存在論的問題のように見えるが、実は五蘊を五取蘊としてとらえること、つまり、自我の実体化の認識論的批判として、説かれたのであり、五蘊の実体化が行われるとすれば、それも五蘊皆空として否定されたのである。

法《ダルマ》の存在を実有としてとらえた説一切有部の立場は、正しく法有を説き、その法の構造を分析する存在論と考えることが出来る。しかし、龍樹の徹底的な否定的弁証法のあとで成立している世親の『阿毘達摩倶舎論』では存在論的実体概念と考えられる自性(svabhāva)という用語は、認識論的用語である自相(svalakṣaṇa)と明らかに区別されて用いられているといわれ、『倶舎論』は認識論であるという説も一部の学者によって論ぜられている。また、十五世紀のチベットの大仏教学者、ツォンカパによれば、小乗仏教が法無我を説かなかったという説は正統とは見做されていない。学問的な論述はここでは避けたいが、大乗仏教の存在論と見做されてきた、阿頼耶識縁起、法界縁起も、たとえば末木剛博先生は認識論であるとされており、これが存在論といかにかかわるかという問題が残っているとはいえ、承認できる指摘である。

それではこのような仏教認識論の特徴は何か、また仏教の存在論とは何か、仏教において認識論と存在論とはいかにかかわるのか、が次に問われなければならない。

既に〈ベルグソンの直観と般若〉等においてある程度指摘したように、仏教認識論の特徴は、一、日常的認識、あるいは自覚的ならざる科学的認識が必然的に陥ちこむ実体主義的傾向、あるいは物象化的倒錯の批判の上に成立しているということである。二、この批判は、認識成立の必要条件である言語の役割あるいは働きに対する洞察に基づき、言語によって把握された自相あるいは共相が、自性として孤立的に実体化されるあり方(妄分別)の批判にほかならない。三、龍樹においてはこの妄分別の無自性性が説かれ、唯識派においてはこの妄分別(偏計所執性)の能知所知的関係(依他起性)が指摘される。四、妄分別あるいは実体化の批判は、関係性の定立によって行われるが、そのとき妄分別と関係性(縁起)の二而不二的関係性が同時に洞察される。即ち、龍樹においては空諦と仮諦の関係性の洞察としての中諦の成立であり、唯識派においては、遍計所執性と依他起性の関係の洞察たる円成実性の成立である。五、唯識説においては更にこの三性の相互関係の洞察において、相と生と勝義における三性のそれぞれの無自性性が説かれ、唯識性そのものが転換する。すなわち根本無分別智、清浄後得智(あるいは四智)の成立である。中観派においても一切智、道種智、一切種智の現観が説かれる。六、これらの智の獲得が悟りであり、その道程が、三性三無性等を止観双運する瑜伽行である。七、識から智への転換とは、認識論が認識論自身を自覚することであり、これは仏陀における解脱と解脱知見に対応する。八、その時、認識論は認識論と存在論との相互媒介性を自覚するのであり、それ故これを定立することが可能である。換言すればこれは人法二無我、あるいは空性において、あるかぎりの存在があるがままに顕われるのである。すなわち自己の無および法(実体)の無の立場に立つことによって、存在がありのままに顕れるのである。しかもこの時、自己の無とは存在に対する無ではなく、存在そのものに成っていることであり、存在も当然、自己の無に対する有ではなくて、その無自性性において、あるいは少くとも縁起の有として、その全体を顕わにするといえよう。換言すればヌーメノンの実体性はフェノメノンの縁起性として、またフェノメノンの関係性はヌーメノンの無自性性として顕わになるであろう。

　次に仏教における存在論であるが、仏陀の遺誡とされる「自己を灯明とせよ、法を灯明とせよ」という教えを遵守することが仏滅後の弟子達の信条であった限りでは、仏の説いた法《ダルマ》は存在論を構築する有力な契機であったと思われる。それ故、三世実有法体恒有等の説が唱えられ、法《ダルマ》の分析が盛んに行われた。

　しかし、前述のように仏の説いた法自体が認識の転換こそ問題にしている限りでは、仏の説いた法(所説の法)と仏の悟った法(所証の法)との存在論的差異が問題になり、そこに世俗諦と勝義諦の説が現われた。

　したがってここに仏教における存在論的問題の提起を見ることが出来るが、仏教においてはいかに勝義諦の世界に入るか、すなわちいかに成佛するかが問題になった故に、前にも見たように認識論的構成である世俗諦が論ぜられ修習されたのであって、勝義諦は常に不可言説とされたのである。

これを『解深密経』の説によってみると、勝義諦は一、不可言説相、二、無二相、三、尋伺の行境を超過せる相、四、一異を超過せる相、五、一切処において一味なる相、とされ、これに対して、世俗諦として、一、阿頼耶識縁起の一切相、二、三性三無性の真実性、が説かれるのである。

そこで勝義諦を存在論、世俗諦を認識論とすると、『解深密経』は、このような存在論と認識論の規定で終るのではなく、世俗諦を修習して勝義諦に入る修習の道程が説かれるのであり、それが、一、法仮安立に関する瑜伽所摂の止観の差別、二、乗仮安立に関する乗の差別、三、乗仮安立に関する如来の所作成弁の差別、という実践のプロセスが説かれている。

従ってこれによっても明らかなように、仏教における認識論と存在論とは、単に理論的な構築なのではなく、認識論の実践を通じて存在の只中へ入っていくという関係にあることが知られるのである。

そういう意味で、仏教における存在論とは存在の理論ではなく、存在に成ることであるということが出来るのではないか。

以上、仏教における認識論と存在論の問題を、世俗諦と勝義諦との実践的な関係において指摘したが、この二諦の問題と対応する存在論的構制は仏陀論あるいは仏身論の問題である。ここではこれについての詳細は避けたいが、仏教における存在論の問題領域にある事柄として必要なことだけを指摘すると、一、存在論の系譜として如来蔵思想をいかに位置づけるか、二、真言密教の法身説法、声字実相、即身成佛、曼荼羅思想の提起する諸問題、である。しかしこれは後の課題としたい。

四、科学と仏教

仏教においては、妄分別と智慧との関係は、妄分別とは別に智慧があるのではなく、妄分別の否定あるいは妄分別の自覚が智慧であるというようになっている。これがベルグソンのように科学的認識と直観を並列的に対置する立場と異なっているのであって、この視点から科学的認識に対する仏教の立場を位置づけることができる。

仏教において認識が倒錯するのは、認識の孤立化、実体化において起るのであるが、その孤立化、実体化には二種類のものがあると考えられる。すなわちその一つは、自我の実体化であり、もう一つは法(あるいは認識内容)の実体化である。そこで自我の実体化は法の実体化に含まれると考えられるが、しかしこれが特に法の実体化と区別されて説かれたのは、我々自身の無始時来の傾向(宿業)の強さによると思われる。この自我の実体化は仏教では単に論理的に問題にされているのではなく、我々はこの実体化に付託して様々な欲望や意志や想念を一緒にもつようになるということが指摘される。これが煩悩障であって、この煩悩によって様々な身口意の業を作り、その結果としての苦楽を受忍するのである。

ところでこのような欲望等の付託のもとは人我、法我の実体化であり、これは我々の認識が論理的により根源的に有する倒錯である。これを仏教では所知障という。

そこであえて大胆な言い方をすれば、我々の日常的認識は煩悩障と所知障に蔽われており、科学的認識は所知障に蔽われているということができるであろうか。

つまり、科学的認識は自己の認識の構造を自覚していないといえる。これは科学的認識が対象的認識であるからに他ならないが、同時に科学的認識がいわゆるイデオロギーと異なるのは、科学的認識は常に実験による検証によって存在者に実践的にかかわっている点である。

この存在者との実践的なかかわりこそ、科学的認識をして無自覚的にではあれ、理論の実体化を否定せしめていく契機であり、主観を無化して、対象のありのままを顕わにするモメントなのである。

しかし、観測者と観測対象の問題、あるいは素粒子論、分子生物学等が提起した存在論上の問題は、科学的認識そのものの認識論的再検討を余儀なくさせたということが事実であろう。

その再検討にとって、これまで述べてきた仏教の悟りの認識論および、その認識論の実践としての止観あるいは瑜伽行等の思想が、何らかの寄与をなし得るとすれば幸いである。

吉田宏晳

一九七九年十一月

［解説］諸学停滞期の、超歴史的な余白＝残余の書

一．

一九七九年の年初に収録され同年末に刊行された本書は、大きく二つのテーマにかかわっている。ひとつは、哲学者・廣松渉がその生涯にわたって一貫して関心を持ちつづけたテーマ、つまり、近代科学とその認識論の危機について。そしてもうひとつは、ニューサイエンスと呼ばれ一九七〇年代から九〇年代にかけて一世を風靡した一連の議論・現象とパラレルなものだ。この二つのテーマに沿って、仏教論理学という視点を取り入れつつ切り込もうとしたのが本書である。詳しくは以下でみていくことにするが、その前に対談の登場人物のひとりである廣松という人物の半生について、簡単に触れておこう。

廣松渉は一九三三年八月一一日、山口県厚狭郡に生まれた。もっともこれは戸籍上の登録地であり、廣松の父・清一が彼の出生時に同地の工場に赴任していたことに由来する。だが廣松自身は、九州柳川の生まれを称し、「九州人」であることを生涯強調していたという。このあたりの事情については、廣松の学問上の後継者たちによる詳細な記録があり、いずれも廣松の死後に刊行されている（熊野純彦『戦後思想の一断面』、小林

敏明編『哲学者廣松渉の告白的回想録』など)。これらの資料は若き日の廣松の政治活動家としての相貌も教えてくれる。一九四九年の伝習館高校入学と同時に、成人であることを入党の条件としていた当時の日本共産党に、党規約の例外である少年党員として参加し実際の活動にも携わっていたこと。その活動が原因で放校処分となり、大検をとって東京学芸大学に入学するも中退し、東大哲学科に入学したこと。党内外の激動を経たのちの一九五六年に『日本の学生運動』をものし、党中央の怒りを買って事実上離党したこと。日本の「一九六八年」をその代表的イデオローグのひとりとして通過したこと、などなど。

だがここではさしあたり、廣松の個人的な政治背景については措いておきたい。それは、廣松のアカデミックな業績がもっぱら価値中立的なものとしてのみ理解されるべきである、ということを意味しない。『ドイツ・イデオロギー』の編緝問題を扱って学界に衝撃を与えた記念碑的論文「疎外革命論批判——序説」は、スターリン主義に対するマルクス=エンゲルスの文献実証的研究に基づいた批判であったし、みずからもその創刊に関わった言論誌『情況』に掲載された「マルクスの物象化論」は、新左翼ヘゲモニーにおけるきわめて政治的な介入でもあったことは当時からすでに広く認められていた。

絓秀実は『吉本隆明の時代』において、廣松の疎外革命論批判は一九六八年の学生活動家たちにとって「良心の疚しさ」を払拭してくれるテーゼとして、学問的意義を深く詮索されることなく受容されたと書いている。ここでいう「疚しさ」とは、国家権力や資本主義に自分も加担しているかもしれないという疚しさのことだ。誰しもそれから逃れえないということが「一九六八年」が明らかにした成果であったわけだが、絓がそこで逆説的に要請されたと述べる「疚しさから無縁な知識人」の肖像とは——むろんこの文脈では廣松のことをさす

——論理上の特異点であり、はじめから存在しえない地点であったことは確かである。それはともかく絓は、廣松の知識人としての影響力はこのことに尽きるといって過言ではない、とまでいう。

しかし、熊野純彦が廣松関連の仕事で繰り返し述べているように、廣松の疎外論批判は近代資本制社会そのものを撃とうとしていたのであり、近代合理主義自体の限界を問いつづけた廣松にとってマルクス（主義）とはそれを超えうる可能性の泉として見出されていた。その意味で、近代的世界観そのものを俎上に載せる廣松哲学は六八年的思考と伴走するものでありつつ、同時に回帰しつづける「近代」という重石の下で鍛えられた思考として、きわめて超歴史的な性格をもつものでもあったはずだ。冷戦体制の崩壊や九・一一を経た現在においてなお、廣松哲学の提起した問いがアクチュアリティをもつとすれば、それは「近代」がそれ自体乗り越え不可能なものとして我々の思考に取り憑きつづけているからにほかならない。マルクス主義とは、「乗り越え不可能な近代」というテーゼの裏面である。歴史を振り返ると、左派が理論上あるいは実践上の行き詰まりに直面したとき、新たな相貌をもつマルクスが繰り返し召喚されてきたことに気がつく。だが、そのような凡百のマルクス主義に対して廣松哲学が一線を画しているとすれば、それは廣松哲学がみずからを「日本の近代批判の思想史」のなかに位置づけようとしていた点に由来する。

だが次の章ではいったん廣松を離れて、「ニューサイエンス」について説明しておく必要がある。なぜなら本書は「ニューサイエンス」なるものが顕揚された一九七〇〜八〇年代のある異様な時代の雰囲気のなかで生み落とされた書物であるからだ。廣松の高弟である熊野は、『世界の共同主観的存在構造』を廣松哲学の「もっとも包括的な叙述であり」、「廣松渉の、第一の主要著作とみなされるべきものにほかならない」と書いている。その理由のひとつは、この書物が人文社会科学のみならず自然科学の領域の一部にまでも影響を及ぼしたことにあった。そして、哲学科に進む前は物理学を志していたという廣松自身、晩年にいたるまで自然科学に対する関心を維持しつづけた。だが、廣松が『仏教と事的世界観』で展開されているようなテーマに関心を示した理由はそれだけではない。『世界の共同主観的存在構造』は、哲学の混迷と自然科学を含む諸科学の低迷とが「問題論的構成からいって同一の根から生じていることを示唆」するところから議論を始めている。その問題意識は、かつて自然科学者たちによって展開された、ニューサイエンスと呼ばれる思想運動と軌を一にするものだった。廣松もニューサイエンス運動も当時ともに、西欧の伝統的な世界観に基づいた学知の限界を、東洋思想を参照することによって乗り越えようとしていたのである。

二.

ニューサイエンスとは何か、あるいはそれは何であったのか。この語は元来「ニューエイジ・サイエンス」と呼称されていたらしい。ニューエイジといえば、一九六〇年代末からアメリカを中心に広がった瞑想や神秘主義の流行現象のことをさすが、日本では「精神世界」としておなじみである。日本の「精神世界」も欧米ではニューエイジと同一視されるが、宗教学者の島薗進はこれらを総称して「新霊性運動＝文化」という語で規定した。この新霊性運動＝文化、もといニューエイジの科学的言説における展開をさして、ニューサイエンスと呼ぶ。ニューサイエンスは、本書でも言及のあった『タオ自然学』のフリッチョフ・カプラをはじめ、ホログラフィック・パラダイムを提唱したデヴィッド・ボウムなど概して自然科学者たちによる運動であった。ニユーエイジはヴェトナム反戦運動とも連動し、西欧の近代科学合理主義への抵抗という性格をもったが、ニューサイエンスもまた近代科学の世界観や分析手法を批判し、そのオルタナティヴを探ろうとした。現在の一般的な思想史理解においてニューサイエンスは、近代科学の根底にある前提をトマス・クーンが『科学革命の構造』で提唱した「パラダイム」とみなし、それを変革していこうとした思想運動として知られている。この運動自体が栄えたのは一九七〇年代以降だが、カール・ユングやエルヴィン・シュレーディンガーなど先行する世代においても同様の試みはあった。ユングはリヒャルト・ヴィルヘルムとの交流のなかで曼荼羅や錬金術に触れ、みずからも易を実践しながら『黄金の華の秘密』や『心理学と錬金術』といった著作を残したし、シュレーディンガーは晩年の著作『精神と物質』において、自身の提唱した量子力学の波動方程式と東洋思想の一致を説いている。シュレーディンガーの場合、大乗仏教を勉強していた息子にその一致を指摘されて驚いたのが契機となったという逸話もある。こうしたニューサイエンス言説の日本への本格的な導入は、しかし八〇年代を待つことになる。

宗教認知科学や「科学と宗教」を専門とする藤井修平は、日本におけるニューサイエンスの紹介は湯浅泰雄と吉福逸伸の二人をその代表とするが、両者は重なり合うことがなかったため二つの流れが存在していた、と述べている（「ニューサイエンスの時代の宗教・心理学・宗教学」）。和辻哲郎の門下であった湯浅は、ユング心理学にも強い関心を示した。藤井によれば、自然科学的なニューサイエンス言説が後年早々に忘れ去られていったのと対照的に、心理学や精神医学にかかわるニューサイエンス言説はその後も存続し、学界主流派の言説に対して影響を及ぼしたものまであったという。『ユングと東洋』のような湯浅の著作が今なおしばしば参照されているのは、その由もあろう。他方の吉福は当初は音楽活動のために渡米したが、一九七九年以降は年間三冊以上のペースでニューエイジ関連文献を翻訳・紹介するようになり、八〇年代の「精神世界」シーンの形成に与ることになった人物である。吉福は当時、ニューサイエンスについて以下のように論じていた。

吉福によれば、「機械論的世界観」と「要素還元主義」の二つがこれまで近代科学の両輪をなしてきた。そのうちデカルトに由来する「機械論的世界観」の方は、元来は「思惟するもの」と「延長されたもの」の二つによって構成されていた。大ざっぱには、ここでいう「思惟するもの」とは主体、「延長されたもの」は客体のことをそれぞれ意味すると理解してよい。しかしながらニュートン物理学の登場以来、近代科学は「延長されたもの」のみを考察の対象とするようになり、「思惟するもの」の方は置きざりにされてしまった。機械論的世界観のこうした変容は、要素還元主義がもたらした悪しき歪曲として理解される。だがついに、量子力学におけるコペンハーゲン解釈の登場をうけて、ふたたび自然科学の最前線でも「思惟するもの」の重要性が見直されるべき時がきた……云々。吉福が試みているのは、要素還元主義によってもたらされた機械論的世界観の変容をデカルトに立ち返って批判することだ。要素還元主義は退けられ、それに代わって「秩序（システム）論」が据えられることになる。ここで「秩序（システム）」とは、自然のなかに構造を生み出す原理のことを意味している。「思惟するもの」、「延長されたもの」、そして「秩序（システム）」がポスト近代の科学的世界観を構成するＸＹＺ軸であるとするなら、ニューサイエンスとは「思惟するもの」と「秩序（システム）」の二軸で構成される平面領域で展開される議論であるという。本書の文脈との接点でいえば、「思惟するもの」とは廣松哲学や仏教論理学における認識論の問題と関わり、「秩序（システム）」は縁起説と関わっている。

三.

議論を廣松に戻そう。廣松は生涯にわたるその哲学的思索において、近代的世界観・認識論の超克を一貫して問題にしつづけた。『世界の共同主観的存在構造』の冒頭で、こうした問題意識について簡潔に述べられている。

われわれは、今日、過去における古代ギリシア的世界観の終熄期、中世ヨーロッパ的世界観の崩壊期と類比的な思想史的局面、すなわち近代的世界観の全面的な解体期に逢着している。こう断じても恐らく大過ないであろう。閉塞情況を打開するためには、それゆえ――先には〝旧来の発想法〟と記すにとどめたのであったが――、〝近代的〟世界観の根本図式そのものを止揚し、その地平から超脱しなければならない。認識論的な場面に即していえば、近代的「主観－客観」図式そのものの超克が必要となる（一八頁）。

この著作をはじめとして、廣松の書くもののほとんどは理論的抽象であり、しかも晦渋な文体で有名である。だが本書は対談という形式のおかげで比較的わかりよいものになっているし、東西の比較哲学（？）という手法によりかかることで、「近代の超克」の具体的イメージが湧きやすいものに仕上がっている。

だが具体的イメージというなら、廣松は本書と前後する時期に、より歴史的に「近代の超克」の問題に取り組んだ著作を残している。一九七四～七五年に雑誌『流動』に掲載され、一九八〇年に朝日出版社から刊行された『〈近代の超克〉論――昭和思想史への一視角』がそれである。この著作は昭和一〇年代の日本思想界における「近代の超克」論議を扱ったものである。「近代の超克」は昭和一七年の『文学界』特集の座談会がよく知られているが、柄谷行人曰くその思考の核心は昭和一〇年前後には、小林秀雄、保田與重郎、西田幾多郎の三人によってまとまったかたちで提出されていた。この本は西田と京都学派を重点的に取り上げている。廣松自身は三木清に対して一貫して否定的な評価を下していたというエピソードもあるが、少なくとも「近代の超克」という論点において京都学派の問題意識を批判的に引き継ごうとしていたことは確かだ。講談社学術文庫版の解説で柄谷は次のように書いている。

廣松氏にとって、歴史を越えた一般的な原理などはない。先にいった「原理的」な仕事もある意味では歴史的な仕事なのである。……たとえば、近代の哲学は「近代」という歴史性のなかにある。それが超歴史的に妥当性をもつと思いこむことが、まさに近代哲学のなかに閉じこめられていることにほかならない。とすると、原理的な批判的考察はそれ自体歴史的考察とならざるをえない。それはすでにヘーゲルの認識していたことでもあった。だが、それはただちにひとつの原理となる。それを批判し、世界を把握するどんな原理や言説も、諸関係からなる歴史的世界に属するしそれを超越しえないというのがマルクス的な「原理」であった。だが、この原理は、たえまない自己検証を要求する。世のマルクス主義者はそれが自分自身に妥当することを忘れてきたのである。廣松氏がいいつづけてきたのは、マルクスがこの「近代」的な思考の界域を真に越える「地平」をもたらしたということだが、それはけっして何かてっとり早い原理としてあるのではない（二六三～二六四頁）。

柄谷がここで書いているのは、マルクス主義において歴史を超えた普遍性など存在しないということだ。廣松渉の理論的な仕事の数々はその圧倒的な西欧哲学史の素養に支えられたものだし、あるいは戦前よりつづく近代日本思想史のなかに彼自身によって位置づけられてもいる。だが、そのいずれにも当てはまらない本書は、それゆえに、そのような理論的抽象によっても、あるいは近代日本思想史を論じることによっても決して掬いとることのできない超歴史的な余白＝残余として読まれるべきである。廣松はアナロジーでもって、単純に東洋思想のなかに真理を見出しているわけではない。廣松の思考において、東洋思想はそれ自体で決して真理たりえないが、しかし西洋的な「有」の哲学との差異において思考されることで、真理へといたる可能性のある道を指し示すものとなりうるのである。筆者は生前の廣松渉の人柄について、伝聞以上のことを知らない。だが、本書の全篇にみてとれる廣松の高揚感は、たんに彼の人柄や正月気分のせいにして素通りできるものではない。本書の対談は、西洋的な分析や論理や秩序や規範といったものが宙吊りにされたある種の祝祭空間において展開されているのであり、読者もまたそこで直観的・全体的理解に参与するように求められているのだ。

四.

類書中における本書の特徴について簡単にみておきたい。ここでいう類書とは、量子力学のような自然科学の最先端と東洋思想とを結びつけて論じるそれのことをさす。先のニューサイエンスがそうであったように、近代合理主義批判を帯びたニューエイジの空気のなかで醸成された類書の多くは、東洋思想・哲学を従来の自然科学の優位に置くものがほとんどである。あたかも東洋思想によって自然科学的ロジックの一切が超克しうるものであるかのように。しかし、本書はそういった風潮とは一線を画しているのである。それについて読者は、以下のような吉田師の発言から明瞭に読み取ることができるはずだ。

現代科学者は漢籍もそうだけれど、龍樹の著作を読め、また同様に、仏教者は科学者の書いた本を読めということになる（笑）。（四三頁）

仏教哲学自身もインドの有の思想に対する無の思想の形成というところで終わるんじゃあなくて、西洋の有の思想に対しては無の思想がどういうふうにそれを処理していくかということを考える必要がある。繰り返していうようですが、その意味でもあなたの書かれた本は私には大変参考になっています。（二二頁）

ここで吉田師は、仏教者もまた西洋近代の「有の哲学」に応答しなければならないという含みを持たせている。顧みれば、ニューサイエンス言説が一過性の流行として消費されるままに終わってしまったのは、東洋思想の専門家の多くが科学者たちのアマチュアな仏教理解をあげつらうだけで、本質的な議論をしなかったこともあるのではないか。本書の対談がある種の祝祭性を帯びながらも、同時に緊張感をもっていることの所以であろう。吉田師も廣松氏も、ともに西洋的「有の哲学」と仏教的「無の哲学」のはざまで思考しようとしているのである。この緊張感が極致に達するのが、廣松が仏教批判に及ぶ以下の箇所である。少々長いが引用しておく。

廣松● 仏教の場合、構造をとらえてなければ縁起も言えない、と言えばそうなんだけれども、構造的な把握という点が弱いのではないか。……分類はおやりになるんだけれども、……分類と結合がまだ平面的な感じがするんですね。諸分節肢をどういうふうに立体的に、構造的なモメントとしてとらえているのかという点になると、そういう発想が弱いように思うんだけれど、どうなんですかね。

吉田◆ それはね、結局そこでそういう構造的にとらえるということが固定されなかったと言ったらいいかな。むしろそういう構造的にとらえるというか、そういう場面に自分を置くという、それを般若の智慧という形で、そういう場面にいつも自分を置いている。だからしいていえば、自由に構造化できる。……けれども、そういう構造的なとらえ方をしていながら、そこに自分を置かないというか、またそれの無性ということを言い出して来て、結局ことばで表現できないような世界に自分自身を置いて行くというふうになっていく。関係にとらわれていたら解脱できないからね。

廣松● しかし、あえて言わしてもらうとね、ヨーロッパ的な哲学ではフェノメナルな世界を超越する何か実体を立てて、それを立てるが故に超越的なものとフェノメナルなものとの間の関係づけということを議論するから、異質なものを結びつける構造みたいな議論ができる仕掛けになっていると思うんですよ。仏教の場合、超越的な存在を否定しようとするのあまり、それを切ってしまう。そのためもあって、フェノメナルな世界の媒介性をいう時には、この世界を要素的に細分化して、それの結合関係はこうなっています、という形での媒介性の説明しかできない。媒介性の説明が、フェノメナルな世界の内部にとどまってしまう。阿頼耶識みたいなものが立てられても、種子だなんだという話のパラダイムは、僕にいわせるとフェノメナルな世界現相の地平内部での関係構造の域を出ない。それ以上を期そうとすると悪しき超越主義になりかねない。事的世界観を言う時には、一歩あやまって錯認してしまえば、形相的な実体と考えられるような、そういうモメントをいっぺん措定して……。(一四四〜一四六頁)

対象をスタティックな構造として把握するためには、対象にとっての「他」を確立しなければならない。そこには、対象から観測者である自身を切り離すという手続きも含まれている。したがって廣松の仏教批判は、単純な批判ではなく、むしろジレンマを炙り出すものである。構造が把握できないとすれば、世界について明瞭に理解することは難しい。しかし、構造を捉えようとすれば先に述べたとおり、主客の二元図式へ回収されてしまいかねない。ここで廣松が示唆する「一歩あやまって錯認してしまえば、形相的な実体と考えられるような、そういうモメント」とは、実体主義を批判して関係一元論を対置したとしても、その結果として即自的に存在しているかにみなされてしまいかねない「関係」のことである。たとえば量子論では、素粒子を実体としてではなく「場」の状態相として規定する、という言い方をする。しかし、このような思考を導入すると、今度はただちに「場」をそれ自体で存在する実体のごとくみなしてしまうという罠が生じる。とはいえ、そのような「場」を想定しないことには、そもそも素粒子の性質を整合的に説明することはできないのである。

廣松はこうした「モメント」を作業仮説的に導入することで、ジレンマを処理しようとした。この試みが成功しているのかどうか見極めるのは難しいが、ここでは廣松哲学の本領が発揮されている。廣松哲学とは、マルクス思想の核を近代社会総体への批判にあるとして練り直されたマルクス主義であった。近代的認識論に対する自己批判を経たマルクス主義であるがゆえに、廣松哲学はたんに仏教論理学に寄り添うのではなく、その弱点もまた剔抉することができたのである。

五.

さて、以上に関連して、本書が刊行から四四年の歳月を経たのちに復刊となったことの意味をもう少し考えてみたい。それが今日の地平において、このプリズムを通して見える廣松哲学に活力を与えることにつながると思うからだ。

廣松の量子力学に対する関心の背景には、先ほども書いたようにもともと物理学専攻を志望していたという事情もあったろう。また実際の卒業論文ではカントを扱ったが、本郷での学部進学当初はエルンスト・マッハを対象に選ぶつもりであったらしい。だが主任教授の桂寿一より、マッハを卒論に選ぶのならその対極にある新カント学派や現象学派についても同じだけ勉強しなければならないと忠告され、これを受け入れたという。とはいえ今日から遡って評価するなら、廣松哲学はレーニン主義に対するマッハの再評価という側面をもつわけだし、廣松のマッハに対する関心はその後も持続していたといえる。そのマッハには「統一科学」の構想があった。マッハは物心二元論や主客二元論など近代哲学の前提を批判し、直接的な経験へと帰るべきであると説いた。マッハの考えでは、世界のあらゆるものは諸要素の複合体であって実体をもたず、物的なものも心的なものもすべて、こうした諸要素の関数的依属関係として記述することができるはずだった。

廣松もまた、近代の地平を超えたある種の「統一理論」に対する選好を有しつづけていた。廣松とマッハの「統一理論」に対する希求は、ともに近代（科学）的世界観を乗り越えようというモチベーションに裏打ちされたものであったし、廣松の場合は自身が伴走した六〇年代の学生叛乱の姿勢とも明らかに呼応するものだった。廣松哲学の「疎外論批判から物象化へ」といったスローガンが当時、実際には絓のいうように「具体的に何をどうやっていいか分からない」空論的なものにすぎないと斥けられていたとしても、「四肢構造」のような廣松語がある種のミームとして一九六八年の学生活動家たちに受容されていたという事実は、以上のような文脈に照らして理解可能な現象である。

藤井は、結局のところ「量子力学や東洋思想によって近代科学が根本から覆され、新たな「統一理論」が生まれることもなかった」と判じている。現在の地平からみて、きわめて常識的で妥当な判断だと思う。だがそうはいっても、マッハや廣松やあるいは戦前の京都学派が訴えかけたような「近代」の限界という問題は、ニューサイエンスの燈とともに消え去ったわけではない。「近代」はいまなお〝乗り越えられるべきもの〟としてわれわれの前に立ち塞がっている。そしてその「近代」が〝乗り越え不可能なもの〟であるのと同じ分だけ、その「近代」を超えようとする力も絶えず汲み尽くせないものとしてあるはずだ。

そして現在、東洋思想の助けを借りて、西欧近代的思考の隘路を抜け出そうと試みつづけている存在に中沢新一が知られる。『チベットのモーツァルト』を提げ「ニューアカデミズム」の騎手として論壇に華々しく登場した八〇年代から、中沢新一の思考のうちには、世にあまねく根深い疎外論的発想に対する根底的な批判の感覚があった。オウム事件前後に収録された対談のなかで中沢は、彼の著作『はじまりのレーニン』が廣松渉批判であること、共同主観性や物象化論をめぐる廣松の議論もまた疎外論のうちにとどまるのではないかという批判意識のもとで書かれたものであることを認めている(『それでも心を癒したい人のための精神世界ガイドブック』)。

廣松渉は、レーニンが批判したマッハ主義を再導入することによって、初期マルクス的なヒューマニズムや疎外論を排し、ニューレフトの思考におけるひとつのパラダイム形成に貢献した。この作業は「実体主義から関係主義へという、構造主義的な思想の全体の流れのなかで」マルクス主義を読み直すというものだったが、中沢はさらにその関係主義もいったん解体されなくてはならないという。そしてその先に、ヨーロッパの論理とは別の論理が見つかるというが、それはグノーシス主義と仏教との差異として説明される。

グノーシス主義では、自分が投げ込まれているこの世界は完全な悪であり、本来の自己の居場所は別のところにあると考えられている。マルクス主義は現世の資本主義システムをすべて悪とみなし、みずからを現実化する党によってそれを破壊・超克していこうとするが、これはグノーシスの発想にきわめて近い。その意味では、疎外論から物象化論への移行を唱える廣松の議論も、この範囲を出るものではない。中沢は、レーニンの党を作動させた神話的な起動力はグノーシスであったという。だが他方で仏教の場合では、「現世を悪として、それに敵対感情をもつとか、絶対幸福のエデンの園のようなところへ立ち戻っていくことが解脱ではない」と考えるのである。ここにあるのは、二元論的なグノーシス主義に対する仏教的視座からの批判である。「根深い疎外論」ということの意味は、つづめていえば、現状を悪としてそれを何か善いものに置き換えようとする発想では畢竟、どうしても疎外論へと回収されてしまうということなのだ。現世否定は、どこか他に自分の居場所があるはずだという疎外論につながる。それは廣松哲学に限らない。中沢の本がとりわけ廣松批判として読まれたとすれば、廣松もまた疎外論批判の論陣を張った人物でありつつ、しかしその疎外論批判の根底にはやはり、マルクスに対する特権的な評価、マルクスのもつ潜勢力に対する評価があったからであろう。

中沢の廣松批判がどの程度妥当なものであるのか、その検討は別稿に譲りたい。さしあたりここでは、中沢が廣松渉の仕事を強く意識しており、その疎外論批判という問題意識をも引き継いでいることを確認しておきたい。

ちなみにニューサイエンスに絡めていえば、中沢も量子力学に強い関心を寄せている。彼の場合はキェルケゴールを介したかたちで量子力学と精神世界の関係を考えていたが、『タオ自然学』から『ターニング・ポイント』へと進んだカプラはフェミニズムへと接続し「持続可能な社会」を提唱するにいたった。それが二人の相違点としてあった。カプラ的なそれが、近ごろ流行りのＳＤＧｓの実践のなかに引き継がれているのかどうか詳らかにしない。余談めくが中沢の回想では、フリッチョフ・カプラは実際に彼と対面したときには怯えている風さえあったという。

さて、本書における廣松と同様に、仏教思想に知恵を借りて新たな学を立ち上げようとしている中沢は、そのみずからのプロジェクトを「レンマ学」と呼んでいる。古代ギリシア以降現代まで続く「ロゴス的知性」に対して、中沢は「レンマ的知性」を立てる。

廣松と中沢の両者に共通するのは、西欧の科学的認識論の限界を強調することからはじめて、そのオルタナティヴの提起を試みている点である。廣松の場合は、二〇世紀中葉に理論的創造力が低下し〝諸学の停滞期〟に入ったとして、それは近代の「主観―客観」という認識論の図式が必然的にもたらした限界であると言われる。廣松曰く、①精神病理学や文化人類学による「未開人の精神構造や精神病患者の意識構造の研究」、②ゲシュタルト心理学における知覚研究、③フランス社会学派、の三つが「主観―客観」図式を適応不全に追いやった。それから半世紀を経て刊行された中沢の著書では、人工知能（ＡＩ）の急速な発展が「レンマ学」という新しい可能性をもたらしたと論じられている。「ロゴス」が「時間軸に沿って事物を整理する思考」であるのに対して、「レンマ」は「非因果律性を特徴として持つ全体をまるごと把握し表現する直観的認識」なのである。中沢によれば「いままでに人類の得たレンマ的知性の本質をめぐる最高の哲学的表現は、大乗仏教の縁起の論理によってもたらされた」が、それは長いこと発達を止めていた。かつてニューサイエンスの論者たちが語っていたように、二〇世紀前半から量子力学の分野では、かかる「レンマ的知性」が復活の兆しを見せていたが、やはり決定的に重要なきっかけはＡＩの登場だった。「レンマ的知性」が今日「レンマ学」というひとつの学の形態をとって独立しうる契機を得たのは、人工知能の発達によってロゴス的知性がわれわれの生活空間にあまねく広がっていくなかで、「レンマ的知性」の活動領域が狭められてきたことによる。逆説的ではあるが、「レンマ的知性」の異質性が際立ってきたからだ、という。

もちろん、廣松や中沢やニューサイエンスの論者たちに限らず、ギリシア的ロゴスに対して何か別の思考形式を置こうとする試みは、これまでにも多くあった。たとえば、中沢自身が深くコミットしたフランス現代思想においても、ギリシア的隠喩にユダヤ的換喩を対置する思考があった。だが、こうした試みにおいて重要なのは、従来の世界観や認識論とオルタナティヴな思考形式との関係が、どのように規定され接続されているのか、ということである。

中沢の場合、その図式にしたがえば、人間科学がこれまで探っていたのはいっさいの人間的経験を生み出すとされるアーラヤ（阿頼耶）識であり、この識は「レンマ的知性」と「ロゴス的知性」が結合することで構成されている。つまり、人間的な知性は「レンマ的知性」と「ロゴス的知性」によって構成されていて、そのいずれかを欠いてもうまく機能しないということだ。しかし同時に、大乗仏教を引いて言われるように、この「ロゴス的知性」とはそもそも「レンマ的知性」の変異形であるという。

人間の脳と中枢神経系を模して作られたニューラルネットワークという数学モデルにしたがって、近年のAI開発は進められてきた。人工知能とはロゴス的知性の極致にほかならない。しかし先に確認したように、「ロゴス的知性」は「レンマ的知性」と、アーラヤ識において深く結びついており切断不可能なものである。数回のAIブームの波を経た今日、ＣｈａｔＧＰＴの登場などに象徴されるように、それはシンギュラリティ（技術的特異点）を迎えつつあるかに見える。シンギュラリティに立ち向かうべきヴィジョンをもたらしてくれるものとして、中沢の「レンマ学」は構想されている。

六.

最後に廣松哲学が有している、あるいは有しえた可能性について、いくつかの道筋を示唆しておこう。廣松渉が東京大学を定年退職した直後、一九九四年に六〇歳という若さで世を去ってから来年で三〇年になる。廣松が亡くなったのは筆者の生まれる前年であり、当然ながらその謦咳に接することはなかった。だが東大文学部でも、あるいは雑誌『情況』の編集部でも、それぞれ然るべき理由から廣松の名前を目にすることは少なくなかった。また話は変わるが、とある関心から筆者は中学生の頃、ニューサイエンス関連の本を読み漁る機会があった。『タオ自然学』もそのときに読んだものである。本書を開いて一五年ぶりくらいに当時のことを思い出した。

実際のところ、本書で吉田師と廣松氏が共有している問題関心は、この四〇年でどの程度前に進んだのだろうか。その閉塞感はどの程度打開されえただろうか。何かにつけてエビデンスが尊ばれ専門の細分化がますます進んだ今日、本書で展開されているような議論は、あえて言葉を選ばず言うならば、オカルト的で偽科学的で、いかがわしいものと、場合によっては見なされるのかもしれない。

四〇年前と今日では、世界情勢やそのなかで日本が置かれている環境も大きく変化した。「ジャパン・アズ・ナンバーワン」の時代は遠く過ぎ去り、バブル崩壊後の三〇年は「失われ」つづけている。日本の知識人が西欧的アカデミズムの覇権に対して東洋的伝統を評価するとき、逆オリエンタリズムの視線につねにつきまとわれる。それは避けられない。だがそうした自覚さえ失われたとしたら、東西の両哲学を架橋しようとする試みはそれ自体衰退するか、あるいは非常に狭い範囲で劣化版の再生産を繰り返すだけになるだろう。

最近でも「世界哲学」や「グローバルヒストリー」など、従来の学問の欧米的伝統を相対化しようとする試みをいくつか見つけることができる。実際、それらはアカデミズムにおいて注目を集める新たな潮流となりつつある。だがそれらは、「グローバル資本主義下における学術実践」以上のものでありえているだろうか。デリダが「中国には哲学がない」とこぼしたことの意味は何か。とはいえ、安易な批判は差し控えるべきである。ともかくも、廣松の西欧近代批判はそれらとはちがって、マルクスを足がかりに資本制社会そのものを撃つという核をたしかに持っていた。

その意味で本書は類書中、今日から見ても思想的かつ学問的に最良の一冊であるといえる。さて、廣松自身は「はしがき」で、本書をハプニングから生まれた対談であると書いていた。その心は、新しい世界観的パラダイムの体系的確立のために東西両哲学を突き合わせる作業が課題になるはずだが、それが一向に進展しないのは最初から大上段に構えるからであって、本書を呼び水として然るべき適任者たちによって本格的な作業が進められることを期待する、というものであった。本稿は中沢レンマ学をそのような「本格的な作業」として位置づけようとしたものでもある。近年の中沢は廣松の影響について公言しないが、近代西欧科学の危機に際して仏教思想を梃子に新しい学を創り出そうとする中沢の営為は、廣松の遺志を批判的に継承するものに見える。

ではあらためて、二一世紀に、廣松渉をいかに読むべきか。かつて中沢もその代表と見られていたニューアカデミズムは、日本におけるポストモダニズムの導入と相即であった。とはいえ中沢よりはむしろ、浅田彰の『構造と力』のような著作こそ、その典型であったろう。そして、日本型ポストモダニズムに対する批判としてかつて盛んに言われたのは、西欧とちがって確固たる構造をもたない日本において構造批判をそのまま導入することは、そもそも構造が存在しないという現状のだらしない肯定にしかならない、というものだった。柄谷行人や笠井潔らによってなされたこうした批判は、現在からみてもおおむね正しかったといえる。その認識自体は、現在広く共有されていよう。やや単純過ぎるという理由で問題含みな、ミチコ・カクタニのポストモダン批判に端的に見出すことができるように、今やそれは欧米圏においてさえそうなのである。つまり、ポストモダンを掲げることが許されるほどには、われわれは「モダン」ではなかった、あるいは「モダン」についての理解が不足していた、という反省である。そこで、あらためてわれわれは「近代」をやり直すべきである、という発想が出てくる。この発想には一理ある。たとえば入管問題ひとつ取り上げても、近代の基本的人権という概念が広く理解されているとは言いがたい。さらに、二〇一八年の明仁天皇生前退位という事件は、「天皇の人権」という(奇妙な)かたちで、こうした議論を一時的に活発化させた。

だが、近代をやり直せばそれですむというほどに、ことは単純ではない。近代をやり直してポストモダニズムの流儀を忘却するのではなく、むしろポストモダニズムを現在の地平から批判的に摂取することが求められている。さしあたって、ポストモダニズムを「近代の超克」と呼びかえてもよい。

このことは、中国という場を舞台に考えると見やすい。中国でのポストモダニズム受容において、米国のマルクス主義文芸批評家フレドリック・ジェイムソンの仕事が大きな役割を果たしたことは知られている。中国思想界におけるポストモダニズムの本格的な導入は、一九八五年の九月から一二月にかけて北京大学で行われたジェイムソンの集中講義がきっかけである。とはいえ当時のジェイムソン受容は、「西洋美学のモダニズム批判の内的文脈に止ま」るもので、中国の現実と切り結ぶものではなかったという(譚仁岸「思想空間としての『八〇年代』『新啓蒙』思潮の諸相と現代中国」）。しかしながら、九〇年代の中国知識界の激動を経たのち、ジェイムソンの諸理論・諸概念は積極的に読みなおされるようになる。

廣松についても二〇〇〇年以降の中国で、南京大学を中心に組織的な研究が始まったが、その大きな理由は先進資本主義国家の日本で展開された優れたマルクス主義思想である廣松哲学が、改革開放を経て社会主義市場経済へと舵を切った中国において注目に値すると見なされたことにあった。

中国における、廣松とジェイムソンという二人のマルクス主義思想家の共通点は、それぞれ別の文脈においてではあるが、しかし根本的には同一のコンテクスト、すなわち、中国が政治的・文化的・経済的に急速に発展していくなかで、中国知識人が「中国解釈に対する焦慮」を抱くようになったというコンテクストにおいて受容されたという点である。先進資本主義国家における二人のマルクス主義者の思想は、自由市場の勝利という「歴史の終わり」を迎えたにもかかわらず、あるいはそうであるがゆえに、中国においてはなおいっそう要請されたのである。そして晩年の廣松にしてから、その評価は困難極まりないにせよ、東アジアに対する秋波を隠すことがなかった。

現在、世界資本主義の中心地はゆるやかに中国に移行しつつある。自由市場の勝利という「歴史の終わり」も信憑を失って久しい。スラヴォイ・ジジェクは、二〇〇〇年以降の東アジアにおける独裁資本主義を例に挙げて、資本主義と民主主義の結びつきの終焉を論じた。これが意味するのは、冷戦下アメリカ・リベラリズムのイデオロギーとしての死である。他方で、中国共産党の思想的底部に東洋思想が大きな存在感を持っていることは、しばしば指摘されるところである。東洋思想と「近代の超克」をともに視野におさめた廣松哲学は、今日の「リオリエント」的状況において新しい時代の革命思想の基盤として読みなおされる余地をもっている。
近年では、廣松の著作は英訳の刊行も進んでいると聞く。欧米圏での本格的な受容については、これからのことになる。廣松の西欧近代批判はどのように受け止められるのだろうか。その死後三〇年を経て、新たな廣松研究がはじまることを期待して擱筆としたい。

廣松渉、生誕90年を記念して。

二〇二三年七月二〇日　塩野谷恭輔

［著者略歴］

吉田宏皙（よしだ　こうせき／ひろあき）

1935年生まれ。

東京大学人文科学研究科大学院修士課程（哲学専攻）、大正大学仏教学部大学院（真言学専攻）修士課程を経て、東京大学大学院人文科学研究科（印度哲学仏教学専攻）博士課程単位取得満期退学。1991年「空海思想形成過程の研究」で、早稲田大学博士（文学）取得。1983年大正大学教授。1997年大正大学大学院研究科長、2005年大正大学を定年退任、名誉教授。2009～2015年同大学常任理事。現在（2015年～）、真言宗智山派宗機顧問。埼玉県本庄市西光山宥勝寺住職。

1997年密教学芸賞受賞、1999年比較思想学会会長、2000年日本密教学会理事長、2004年智山伝法院院長、2005年地球システム倫理学会副会長、2007年密教教化賞受賞。2022年第32回中村元東方学術特別顕彰受賞。

・主な著作に、『空海思想の形成』（春秋社、1993年）。

・主な共著編に、『仏教の真・善・美・聖（エピステーメー叢書）』編（朝日出版社、1980年）。大谷旭雄、坂上雅翁『浄土仏教の思想７』（講談社、1993年）。『佛――智慧と教え』編（青史出版、2000年）

・主な原典、編集・翻訳

那須政隆編『国訳秘密儀軌　第十九巻』（国書刊行会、1974年）p.214.

那須政隆編『国訳秘密儀軌　第二四巻』（国書刊行会、1974年）p.196.

那須政隆編『国訳秘密儀軌　第二九巻』（国書刊行会、1974年）p.233.

那須政隆編『国訳秘密儀軌　第三巻』（国書刊行会、1975年）p.332.

・主な訳注、校訂

〈訳注〉宮坂宥勝編『空海全集第一巻』（筑摩書房、1983年）pp.393-562.

〈校訂〉宮坂宥勝編『空海全集第三巻』（筑摩書房、1984年）pp.3-136.

［著者略歴］

廣松　渉（ひろまつ　わたる）

1933年生まれ、1994年逝去。

東京大学大学院哲学科博士課程を修了。名古屋大学助教授を経て、東京大学名誉教授。

疎外論を超える物象化論を軸に、マルクス主義、唯物史観の全体像を究明した諸研究で思想界に衝撃を与える。現代科学の危機を根源的に問い、現代を、近代知（物的世界像）がパラダイム・チェンジする時代として把え直す認識論的＝存在論的著作として、『科学の危機と認識論』（紀伊國屋書店、1995年）、『世界の共同主観的存在構造』（岩波文庫、2017年）、『事的世界観への前哨』（ちくま学芸文庫、2007年）がある。

一方、新たな世界観の体系を提示する主著となるべき『存在と意味』第1、第2巻（ともに岩波書店、1982年、1993年）を公にした。

・主な著作に、『廣松渉コレクション』全6巻（情況出版、1995年）。『廣松渉著作集』全16巻（岩波書店、1996－1997年）。『廣松渉哲学論集』（熊野純彦編平凡社ライブラリー、2009年）。『役割理論の再構築のために』（岩波書店、2010年）。

・主な訳書に、エルンスト・マッハ『感覚の分析』（須藤吾之助共訳、法政大学出版局、1971年）。エルンスト・マッハ『認識の分析』（加藤尚武共編訳、法政大学出版局、1971年）。カール・マルクス／フリードリヒ・エンゲルス『手稿復元新編輯版 ドイツ・イデオロギー』（編訳、河出書房新社、1974年）のち小林昌人補訳で、岩波文庫（2018年）。

・主な共著に『歴史的実践の構想力』（小阪修平共著 作品社、1991年）。『記号的世界と物象化』（丸山圭三郎対談、情況出版、1993年）。また五木寛之との共著『哲学に何ができるか』（中央公論新社、2018年）がある。

[解説者略歴]
塩野谷 恭輔（しおのや・きょうすけ）
文筆業。1995年生まれ。東京大学大学院人文社会系研究科修士課程修了。専門は宗教学・旧約聖書学。2021年より第5期『情況』編集部。現在、第6期『情況』編集長・経営主幹。論文・論考に、「『神の箱』物語の文学的効果——申命記主義的編集層から」（『一神教世界』13)、「コロナ・ワクチンの政治学——二十一世紀の生権力とパンデミックのレガシー」（『情況』2021年夏号）ほか。
共著に『宗教を哲学する』（仲正昌樹対談、明月堂、2023年）がある。

※本書は、『仏教と事的世界観』（一九七九年、朝日出版社）に誤字脱字を訂正の上、新たな註と「新版　はじめに」「解説」を加えて新版としました。

新版 仏教と事的世界観

2023年8月11日　第1刷印刷
2023年8月20日　第1刷発行

著者――廣松 渉・吉田宏哲
解説――塩野谷恭輔

発行者――福田隆雄
発行所――株式会社作品社
〒102-0072 東京都千代田区飯田橋 2-7-4
tel 03-3262-9753　fax 03-3262-9757
振替口座 00160-3-27183
https://www.sakuhinsha.com
本文組版――有限会社閏月社
装丁――伊勢功治
印刷・製本――シナノ印刷(株)

ISBN978-4-86182-969-7 C0010